Breve Historia de
Alejandro Magno

BREVE HISTORIA DE ALEJANDRO MAGNO

Charles E. Mercer

nowtilus

Colección: Breve Historia
www.brevehistoria.com

Título: Breve Historia de Alejandro Magno
Título original: The ways of Alexander the Great
Autor: © Charles E. Mercer
Traducción: Sandra Suárez Sánchez de León para Grupo ROS

Edición original en lengua inglesa:
© 2004 American Heritage Inc.

Edición española:
© 2025 Ediciones Nowtilus, S. L.
C/ Corazón De María, 19 - Escalera 1, Bajo 4 - 28002 - Madrid
www.nowtilus.com

Elaboración de textos: Gabriel García Moreno
Diseño y realización de cubiertas: Sofía Cabrera
Imagen de portada: *Alejandro Magno*. Autor: Andrea del
Verrocchio, aprox. 1483-1485. Escultura en mármol. National
Gallery of Art (Washington).

ISBN edición impresa: 978-84-1305-518-3
Primera edición: enero 2005
Segunda edición: noviembre 2009
Tercera edición: febrero 2011
Cuarta edición: octubre 2014, agosto 2021, noviembre 2023
Presente edición: octubre 2025

Printed in China
Depósito legal: M-13624-2025

ÍNDICE

Prólogo

Alejandro Magno fue, sin duda, el hombre más influyente del mundo antiguo. Sus innegables dotes para el mando y su brillante carisma personal le condujeron en compañía de su ejército a la consumación de una gesta propia de los héroes mitológicos de los que tanto aprendió gracias a su mentor Aristóteles.

En un periodo de apenas once años conquistó 3.885.000 kilómetros cuadrados, si bien ese inmenso imperio resultó tan efímero como la vida del que lo forjó.

En la primavera del año 334 a.C., el ejército macedonio inició la ofensiva sobre Persia. El objetivo esencial se centraba en la recuperación de las antiguas colonias establecidas en Anatolia. Ciudades como Mileto, Éfeso o Halicarnaso sufrían los rigores de la ocupación persa; no olvidemos que los griegos mantenían el viejo sueño de infringir una humillación al ancestral enemigo oriental desde los tiempos lejanos de las guerras médicas acontecidas un siglo y medio antes. En esas contiendas el imperio persa estuvo a un paso de anexionarse toda Grecia y eso no lo olvidaban los orgullosos griegos, quienes ahora, por fin, bajo el mando de Alejandro Magno se encontraban en condiciones de devolver el golpe.

El ejército macedonio estaba integrado por unos 35.000 efectivos de los que 30.000 eran infantes, mientras que otros 5.000 conformaban la caballería. Eran tropas bien entrenadas y con una disciplina inusual para su época. En pocos días cubrieron los casi 500 kilómetros que les separaba de Helesponto, cn los Dardanelos, y desde allí saltaron al continente asiático sin ser molestados por el asombrado ejército persa. Una vez puesto pie en tierra, Alejandro Magno clavó su lanza en el suelo exigiendo la propiedad de aquel Imperio.

Por su parte Darío III había menospreciado la empresa griega y, desatendiendo los consejos de sus generales, dejó pasar a los macedonios confiado en su potente maquinaria bélica con la que pensaba borrar de un leve soplido la insolencia de ese jovenzuelo casi desconocido por entonces.

Las falanges macedonias pronto se hicieron notar con acciones eficaces que derrotaron sin apenas esfuerzo a los ejércitos locales pésimamente dirigidos por los sátrapas persas; en todo caso, la diversión no satisfacía al valiente Alejandro quien buscaba decididamente el choque frontal con el inmenso ejército enemigo.

En estos primeros meses de campaña sucedieron algunas situaciones dignas de ser contadas; por ejemplo, cuando nuestro protagonista viajó a la emblemática Troya, ciudad ampliamente difundida en los poemas homéricos que con tanto amor Alejandro había devorado desde niño a instancias de su maestro Aristóteles. Una vez llegado a ese lugar ofreció sacrificios y rindió honores en la tumba del guerrero Aquiles —del que se creía descendiente directo—. Cuentan que un emocionado Alejandro se desprendió de su escudo de combate para tomar otro proveniente de la legendaria guerra troyana; después de esto, dicen que se sintió fuerte para conquistar el mundo.

También es digna de reseña la famosa anécdota del *nudo gordiano*. Gordión era la capital del reino de Frigia. Su nombre provenía de un mítico rey, quien pasó de carretero a monarca por una carambola del destino. En la ciudad quedaba, como recuerdo imperecedero de su fundador, un carro en el que se podía contemplar el nudo más enmarañado de la tierra. Bajo él se leía en una inscripción que aquél que lograra desenredarlo dominaría Asia. Durante decenios fueron muchos los que intentaron resolver el problema; sin embargo, nadie consiguió el ambicioso propósito hasta que, por fin, un buen día llegó el contingente macedonio con su rey Alejandro en la vanguardia. Pronto, la curiosa historia fue conocida por el Magno quien, descoso de obtener buenos augurios para su campaña, se acercó al lugar de la profecía; una vez allí miró con detenimiento el imposible nudo de cuerdas, desmontó y con paso firme se aproximó al centro del enigma. Sin dudar, desenvainó su espada con la que dio un certero golpe que cortó de un tajo el nudo dejando la incógnita resuelta. La contundente acción del Magno provocó la sonrisa entre sus generales a los que

Alejandro corta el nudo gordiano, por
Jean-Simon Berthélemy (Escuela de Bellas Artes, París).

dijo: "poco importa la forma de resolverlo; cierto es que yo dominaré Asia".

Mientras esto sucedía Darío III empezaba a tomar en serio la amenaza macedonia; sus tropas habían sido aplastadas en la batalla del río Gránico lo que originó que el propio emperador asumiera personalmente las riendas de aquél incómodo asunto.

En el año 333 a.C., se movilizaba uno de los ejércitos más impresionantes de toda la historia antigua. El objetivo no era otro sino detener la invasión protagonizada por los macedonios. Es difícil establecer valoraciones precisas sobre las dimensiones del ejército persa, por tanto, me veo obligado a fijar una horquilla que iría desde los 200.000 efectivos al millón que aseguran las crónicas más optimistas.

Darío III eligió para el combate contra Alejandro un lugar sito en la frontera sirio-turca junto al río Isso. El mismo emperador dirigió la enorme mole guerrera en la confianza de ver derrotado al desafiante rey Alejandro de Macedonia.

En noviembre de ese mismo año las dos formaciones se encontraron, dando paso a un combate breve pero descomunal que acabó con la derrota total de los persas.

La inferioridad numérica macedonia fue suplida con creces gracias a la estrategia envolvente desarrollada por el líder heleno. En efecto, los flancos griegos superaron el cuerpo principal del ejército persa sometiéndolo a una agobiante presión que desembocó en desbandada general, incluido el propio Darío III, quien escapó de forma cobarde dejando abandonada a su familia con un tesoro real de 3.000 talentos de oro de los que se apropió un Alejandro extrañado por la poca resistencia ofrecida en Isso por su enemigo. Los persas sufrieron unas 100.000 bajas frente a unos pocos cientos de macedonios.

El botín apresado en Isso superaba cualquier expectativa por parte macedonia: no solo se capturaba buena parte de la maquinaria bélica persa sino también magras riquezas y la propia familia real, incluidas hijas, esposas y madre de Darío III. El trato otorgado a estas últimas fue exquisito, hasta tal punto que, desde entonces, las féminas abandonadas por el emperador acompañaron al rey macedonio en todas sus expediciones.

Tras el desastre de Isso, los persas se replegaron en el afán de reorganizarse dispuestos a devolver el golpe sufrido a manos griegas. Alejandro sabía que su enemigo seguía siendo muy poderoso; si pretendía dominarlo no podía concederle ni un solo respiro. Con ese fin optó por la medida más inteligente: ocupar las diversas posesiones mediterráneas que daban fortaleza al imperio oriental. Los nuevos objetivos pasaban por un rápido avance sobre Fenicia y Egipto. Si se conseguía la anexión de estos vitales territorios, las tropas de Darío III quedarían sin salida al mar y, en consecuencia, a merced de las falanges griegas.

Alejandro Magno ordenó el asedio y conquista de Tiro, la antigua capital de Fenicia y principal puerto del imperio persa. La plaza se levantaba sobre un islote separado de la costa por unos 800 metros de distancia; esta forma fenicia de construir sus ciudades en islas cercanas al litoral obedecía a una incuestionable estrategia defensiva, dejando que el mar sirviera de foso protector ante cualquier ataque hostil.

Alejandro, carente de una flota de combate, volvió a lucir su talento una vez más ordenando la construcción de una rampa de piedras y arena que condujera hasta Tiro. En la laboriosa obra se emplearon no solo los combatientes griegos sino también miles de lugareños dispuestos a echar una mano en la expulsión de aquellas tierras de los odiados dominadores persas. Los tirios no estaban dispuestos a entregarse sin lucha. Durante los siete meses que duró el asedio lanzaron contraataques desesperados intentando evitar el avance de la calzada macedonia. Todo resultó infructuoso ante la tenacidad de las huestes alejandrinas: barcos flamígeros, nubes de flechas o arenas incandescentes no pudieron parar el empuje griego. Cuando el improvisado muelle tocó las murallas de Tiro, Alejandro ordenó un asalto en toda regla; él mismo encabezó el ataque siendo de los primeros en saltar sobre las defensas de la agónica ciudad que tardó muy poco en caer, siendo entonces sometida a la ruina y destrucción con la mayoría de sus habitantes pasados a cuchillo por los atacantes macedonios.

Tras la sanguinaria ocupación de Tiro, Alejandro dirigió sus tropas hacia el sur donde se encontraba el esplendoroso Egipto. Sin embargo, en esta ocasión, apenas se produjo una mínima resistencia armada, dado que los egipcios no deseaban seguir bajo el yugo persa y esto propició que el ejército macedonio fuera recibido como liberador y su líder Alejandro considerado hijo de los dioses. De esta manera nuestro protagonista entraba de forma triunfal en aquel país referencia del mundo antiguo. Una de las primeras medidas adoptadas por el genio griego fue la de respetar costumbres y religión de los egipcios, lo que le granjeó innumerables adhesiones en un tiempo que el propio Alejandro describió como el más feliz de su vida. Viajó a Menfis, capital religiosa de Egipto, donde se postró ante la figura de Amón. Esta circunstancia animó a los sacerdotes a proclamarle descendiente de la poderosa deidad egipcia. En esos meses se trasladó a varios lugares emblemáticos del país del Nilo, entre ellos Siwa, santuario sito cerca de la frontera de la actual Libia, donde Alejandro Magno fue nombrado faraón de Egipto. La suntuosa ceremonia y el amor demostrado por los egipcios conmovió de tal manera al rey griego que ordenó la construcción de varias obras que inmortalizaran su estancia en aquel lugar tan luminoso. Surgió Alejandría, cerca de la desembocadura del Nilo, ciudad magnífica llamada a ser capital del Mediterráneo y depositaria del mayor legado cultural del mundo conocido gracias a la ensoñadora biblioteca donde se albergaron más de 700.000 rollos escritos, el equivalente a unos 100.000 libros de nuestros días. También se levantó, por orden de Alejandro, una imponente torre de señales marítimas en una isla llamada Faros, de la que posteriormente tomarían el nombre las futuras edificaciones que con idéntico propósito se fueron creando.

La placentera vida egipcia no distrajo, sin embargo, la atención de Alejandro Magno sobre su principal reto conquistador en Oriente iniciando los preparativos guerreros que le condujeran con garantías hacia el norte, donde le esperaba Darío III quien, por fin, había conseguido organizar un nuevo ejército aguardando la batalla definitiva contra los griegos.

En el año 331 a.C., llegó el ansiado acontecimiento cuando las dos formaciones bélicas se encontraron en Gaugamela, lugar enclavado en las cercanías del río Tigris a unos 55 km de la importante ciudad de Arbela y muy próximo a las ruinas de Nínive. En ese lugar los persas situaron unos 100.000 infantes y 34.000 jinetes que en total triplicaban al ejército dirigido por Alejandro Magno quien contaba con 40.000 infantes y 7.000 de caballería. Además de la superioridad numérica los persas disponían de 200 carros de combate guadañados y 15 elefantes de guerra, si bien estos últimos no participaron en la posterior acción.

El 1 de octubre los dos ejércitos chocaron violentamente. Una vez más, la disciplina y tenacidad macedonias obtuvieron una brillante victoria sobre las tropas persas. La inteligencia de Alejandro brilló ese día con fulgor inusitado intuyendo todos los movimientos del enemigo y participando con presteza siempre que era necesario en los escenarios principales de la batalla. La estrategia y táctica desarrollada por el Magno desarbolaron cualquier espíritu combativo de los mejores generales del imperio persa quienes, tras ver como Darío III huía nuevamente del campo de batalla, abandonaron la lucha perdiendo miles de efectivos, todos los carros y la poca moral que quedaba en las filas de aquel maltrecho y desangelado ejército.

Después de la victoria de Gaugamela a los macedonios no les quedó más que ir tomando, una tras otra, las principales ciudades persas. De esa manera Babilonia, Persépolis, Susa y otras se rindieron ante el empuje griego. Alejandro Magno era aceptado como nuevo dueño y señor de Oriente mientras seguía persiguiendo al escurridizo Darío III quien no tuvo mucha suerte, ya que fue asesinado en el año 330 a.C. por una conjura de sus generales a los que Alejandro cazó sin miramientos, a fin de evitar posibles candidatos al trono imperial. Finalizada la tarea, toda Persia se doblegaba rindiendo tributo al hombre más poderoso de la Tierra. Tenía veintiséis años y todavía ambicionaba conquistar lo que quedaba del mundo conocido.

Tras la muerte de Darío III y sus conjurados asesinos, el camino quedaba expedito para el triunfal Alejandro. No obstante, este seguía siendo, de alguna manera, aquel muchacho rebelde e ingenioso que abandonara Macedonia pocos años atrás. Sus hombres le seguían con fe ciega y casi fanática; razones no les faltaban, ya que nuestro héroe sabía utilizar con astucia extrema todas las dotes del buen comandante militar. Se entrenaba, luchaba, comía y bebía al lado de sus guerreros, estos le identificaban como uno de los suyos y eso, sin duda, facilitaba enormemente las cosas en ese tiempo de incertidumbres. Bien es cierto que si el macedonio estaba lleno de virtudes, también ofrecía algunos defectos. Por ejemplo, el sentirse un elegido de los dioses. Este pequeño detalle le empujaba con frecuencia a cometer algunas tropelías sobre sus soldados incluyendo a los mejores generales del ejército. Hay episodios donde nos encontramos con un Magno que actúa como brazo ejecutor de los disconformes a su causa. Nada, ni nadie se movía en las filas macedonias sin el conocimiento de su jefe; lo contrario podía suponer la pena capital para los infractores.

Alejandro era también un consumado bebedor. Gustaba de largas tertulias al calor de la hoguera donde, además de narraciones bélicas, se ingería con alegría buena parte de la cosecha anual. En ese sentido, el rey griego era, como en otras cosas, el campeón indiscutible.

La conquista de Persia supuso solo el primer paso de la empresa diseñada por Alejandro Magno. Su visión de futuro sobre los fines que se debían concretar en aquella expedición provocó la inclusión de ilustres expertos en todas las ramas del saber. En consecuencia, naturalistas, topógrafos, cronistas... acompañaron al ejército macedonio desde el primer día hasta el último en un afán sin precedentes por conocer todo lo que se iba incorporando al imperio macedónico. No faltaban escritores como Ptolomeo, militar y biógrafo personal de Alejandro, que más tarde recibiría Egipto en premio a su lealtad.

Desde el año 330 a.C. hasta su muerte, las expediciones dirigidas por Alejandro Magno recorrieron más de 40.000 kilómetros buscando los confines del planeta.

Durante años, el ejército griego y sus aliados ocasionales transitaron por buena parte del Asia central. Ya no eran los apenas 35.000 hombres que habían partido desde Macedonia años antes, ahora, gracias al apoyo de los nuevos súbditos constituían un contingente que superaba con creces los 200.000 efectivos; aun así, la rapidez con la que se movían seguía asombrando a todos ya que eran capaces de marchar casi 60 km cada jornada sin proferir lamento alguno; bien es cierto que la actitud del indolente Alejandro no lo hubiese permitido. En ese sentido, el líder griego detestaba cualquier signo que denotara falta de lealtad a su figura. Fueron muchos los que sufrieron su rigor, incluidos generales de absoluta confianza como Parmenio quien en compañía de sus hijos fue ajusticiado por encabezar una presunta conjura contra Alejandro. Y es que en aquella campaña no todo fueron mieles triunfalistas; también se produjeron episodios de insubordinación a consecuencia de años prolongados cuajados de cansancio, penalidades y situaciones apuradas. Solo la disciplina, determinación y visión de futuro del carismático líder pudieron mantener cohesionada aquella tropa elegida para la gloria.

Entre los años 330 y 327 a.C., los macedonios atravesaron los paisajes más dispares contactando con multitud de personas que les acogían de forma desigual. En ocasiones eran aclamados como libertadores mientras en otras eran recibidos con hostilidad; en esas circunstancias la guerra era inevitable dando paso a lo más crudo de la condición humana. En efecto, los combates se multiplicaron en este periodo pero siempre acabaron en victoria griega, lo que fomentó aún más, si cabe, la leyenda del Magno, todo a fin de consumar la gesta más importante de la historia antigua con Alejandro y sus hombres asumiendo el papel protagonista de aquella magnífica epopeya. De ese modo la expedición superó, no sin esfuerzo, los elevados pasos de la cordillera del Hindu Kush. Recorrieron más tarde las llanuras y montañas de Uzbekistán, Turkmenistán y Afganistán, vadeando ríos como el Oxus con la oportuna ayuda de sus tiendas de campaña rellenas de paja a modo de flotadores. Navegaron las aguas del Indo donde descubrieron cocodrilos. El hallazgo de los reptiles les hizo pensar erróneamente en una posible conexión de este río con el Nilo. Siguiendo el curso del Indo se toparon con las hasta entonces desconocidas mareas oceánicas, asunto que desconcertó a unos griegos acostumbrados a las débiles mareas mediterráneas.

La presencia macedonia en el territorio de la actual India suponía haber llegado a las fronteras de lo desconocido, empero una nueva contingencia se ofrecía ante ellos.

En el año 327 a.C., los griegos libraron su última gran batalla en el río Hidaspes frente al inmenso ejército del rey Poros. Este había reunido 250.000 hombres con 200 elefantes de guerra que poco pudieron hacer ante la eficacia griega. No obstante, el vasallaje ofrecido por el monarca indio fue suficiente para que Alejandro no solo perdonara su vida sino que también le permitiera seguir como amigo al frente de su reino.

Alejandro Magno tocaba el cielo, su imperio abarcaba 3.885.000 km², nadie había conseguido tanto jamás. Sin embargo, la excitación del griego le animaba a proseguir su imparable avance hacia el fin del mundo. ¿Qué habría más allá?. En contraposición, sus soldados a esas alturas se mostraban agotados de tanta aventura y trasiego. En ellos habían hecho mella innumerables batallas y enfermedades y tan solo deseaban regresar a Grecia para disfrutar de las riquezas obtenidas. En esos momentos la helenización de Asia era un hecho consumado: las dos culturas entremezclaban sus tejidos en una conjunción sin precedentes. Alejandro se orientalizaba vistiendo ropajes locales y respetando costumbres y deidades de las zonas que iba conquistando. Por su parte las ciudades asiáticas adoptaban numerosas directrices griegas en cuanto a legislación, comercio, arquitectura... En un gesto claro de fusión étnica, miles de macedonios se casaron en una suerte de bodas multitudinarias efectuadas con el propósito de unir imperecederamente los dos mundos.

Tras haber conquistado todo lo imaginable las tropas macedonias se plantaron ante su jefe; este comprendió que la resistencia de sus hombres había llegado al límite y que el derrochador esfuerzo no daba para más. Con semblante serio ordenó el regreso a Babilonia, ciudad que Alejandro pretendía convertir en capital de su Imperio. En cuanto a las ciudades fundadas por Alejandro Magno, es difícil precisar el número de las mismas pero se podría afirmar que estarían entre las 70 y las 100 incluyendo unas 30 Alejandrías y una dedicada a su querido caballo Bucéfalo muerto en plena aventura.

La vuelta de Alejandro a Babilonia se puede considerar penosa y llena de calamidades; se perdieron dos tercios de su ejército. Sin embargo, eso no empaña el brillo de la epopeya adornado por marchas heroicas y célebres singladuras marítimas de su almirante Nearcos quien descubrió perplejo, por primera vez entre los griegos, a unas moles vivientes llamadas ballenas.

Relieve de Alejandro Magno ante Amón-Ra,
en el templo de Luxor. Después de la muerte de Alejandro,
el vasto Imperio se divivió entre los macedonios notables.
Así Egipto fue entregado a Ptolomeo, quien fundó una
dinastía vigente durante los tres siglos posteriores.

En el año 323 a.C., Alejandro Magno preparaba la invasión y colonización de Arabia cuando una repentina enfermedad, acaso malaria, acabó con su vida el 10 de junio. Tenía treinta y dos años y el mundo a sus pies. Cuentan que postrado en el lecho mortuorio recibió la visita de sus generales quienes, preocupados por el futuro del imperio, le preguntaron sobre el reparto de su presunto patrimonio. Alejandro con sonrisa lánguida les dijo: "Todo mi tesoro se encuentra repartido en las bolsas de mis amigos". Finalmente, acertó a pronunciar una frase que sembró el desconcierto entre sus hombres "Dejo mi imperio al más digno, pero me parece que mis funerales serán sangrientos". Lo cierto es que el rey no dejó dicho quién era el más digno, por tanto la distribución de la herencia territorial planteó algunos problemas entre los notables macedonios los cuales, a fin de evitar males mayores, resolvieron desmembrar lo conseguido por Alejandro en tres grandes zonas: Macedonia y Grecia quedaban bajo el dominio de Antípatros y Persia fue asignada a Seleuco, mientras que Egipto era entregado a Ptolomeo, quien fundó una dinastía vigente durante los tres siglos posteriores.

La muerte de Alejandro llenó de dolor a todos sus súbditos, incluida la madre de Darío III quien, en un sentido gesto dc homenaje, se quitó la vida para rendir honores a la figura de aquél al que tanto quiso. Pero todavía faltaba cumplimentar el último capítulo del Magno, su entierro.

A lo largo de dos años sus compañeros se empeñaron en construir un mausoleo de dimensiones casi bíblicas; todo parecía insuficiente a la hora de rendir tributo a uno de los personajes más amados e idolatrados de la Historia. En ese tiempo se emplearon ingentes recursos económicos hasta que, por fin, la obra quedó terminada; el resultado no podía ser mejor: el sarcófago era de oro macizo mostrando la figura en relieve del Magno. En el palio de púrpura bordada estaban expuestos el casco, la armadura y las armas de Alejandro. El conjunto era dominado en sus extremos por columnas jónicas de oro y a los lados quedaban representadas diferentes escenas en la vida de Alejandro. El impresionante mausoleo, una vez terminado, fue transportado desde Babilonia hasta Alejandría por 64 mulas que completaron un recorrido de 1.500 km a través de Asia.

Mucho se ha elucubrado sobre la ubicación definitiva de la tumba alejandrina; unos afirman que se encuentra en el santuario de Siwa, lugar donde fuera elegido faraón de Egipto; otros aseguran que el líder macedonio fue enterrado en un enclave secreto de Alejandría. Mi único deseo es que la tumba de Alejandro Magno, como la de otros grandes, no sea encontrada jamás; de esa forma su leyenda seguirá aumentando por los siglos de los siglos.

Si tuviera que escoger un momento en la vida de este héroe no recurriría a las escenas grandilocuentes ni populares, prefiero ofrecer uno de esos instantes cumbre que definen la personalidad de los grandes talentos. Cuentan que Alejandro se encontraba relajado conversando con sus hombres cuando, de repente, cayó la noche cubriéndose el cielo con un manto de estrellas. Todos miraron fijamente al firmamento exclamando uno de sus soldados que quizá en esas estrellas se encontraran otros mundos. Alejandro, en ese momento comenzó a llorar diciendo: "¡Y pensar que yo no he conseguido conquistar siquiera este que habitamos!". Tenía treinta y dos años y había explorado o conquistado casi 4.000.000 de km², sus dominios se extendían por los actuales países de Grecia, Bulgaria, Turquía, Irán, Iraq, Líbano, Siria, Israel, Jordania, Uzbekistán, Turkmenistán, norte de la India, Afganistán, Paquistán Occidental, Libia y, por supuesto, Egipto. No está nada mal para el mejor comandante militar de la historia por encima de Aníbal, Julio César, Gengis Khan o Napoleón Bonaparte. Alejandro Magno fue, sin duda, un auténtico explorador de lo infinito.

En esta magnífica obra del periodista y escritor Charles E. Mercer, el lector podrá descubrir los rasgos esenciales de este rey macedonio, su aptitud para el combate, sus dotes para el gobierno y su carisma ante el ejército que le siguió durante tantos años. Un libro imprescindible para comprender, en pocas horas, el calado universal de este líder sin parangón. Cabalguemos pues como compañeros de Alejandro en un fantástico y legendario viaje por el mundo antiguo. Créanme que no saldrán defraudados tras haber participado de tan magna empresa.

Juan Antonio Cebrián

1

La primera misión

En el verano de 338 a.C., el rey Filipo II de Macedonia condujo a su enorme ejército hasta el corazón de la vecina Grecia. Desde el momento de convertirse en rey, Filipo se había dedicado a expandir sus dominios, dominando una por una las ciudades-estado griegas. La práctica totalidad de Grecia era suya en aquel tiempo; Atenas y Tebas eran las ciudades más vulnerables que todavía permanecían fuera de su alcance, pero estaba seguro de que también acabarían rindiéndose. Tenía buenas razones para sentirse confiado: era el monarca más poderoso de la península balcánica y sus soldados formaban el ejército más fiero y mejor entrenado que nunca había existido. Había convertido a una horda de indisciplinados labriegos macedonios (agricultores y ganaderos) en una máquina de luchar brillantemente coordinada.

En una polvorienta llanura cerca de la ciudad de Queronea, en la Grecia central, dio el alto a sus soldados. Era en aquel lugar donde lucharía su batalla más importante, junto con sus aliados de la cercana Tesalia, contra los ejércitos de Atenas y de Tebas. Cuando llegó la noche, el campo macedonio vivía una clamorosa actividad a medida que los hombres se preparaban para la batalla. Por encima de los relinchos de los caballos y de los ásperos gritos de mando se elevaba un extraño y persistente gorgojeo, como de un millar de grillos; era el ruido de las hojas y los filos de las espadas y de las lanzas al ser afiladas. Los hombres durmieron, pero solo durante un breve intervalo ya que fueron despertados mucho antes del amanecer. Rezaron a sus dioses, tragaron agua para remojar su ración diaria de pan y se colocaron en sus posiciones para la batalla.

Esa mañana, probablemente ninguno de los soldados mostraba un aspecto más fiero que el mismo rey al montar a su caballo y dirigirlo a la derecha de las filas macedonias. Pocos soportaban tantas cicatrices de guerra como Filipo. Una de estas heridas fue la que le dejó cojo, la clavícula rota todavía le molestaba y le habían sacado uno de sus ojos de su cuenca. Sin embargo, todavía conservaba una pierna en perfectas condiciones y con su único ojo bueno se esforzaba por ver al ejército que había entrenado a través de la remitente oscuridad. Contando a sus aliados de Tesalia, hacían un total de treinta mil soldados de infantería y de veinte mil de caballería. La fuerza enemiga era mayor en un número de, aproximadamente, cinco mil hombres.

Cuando la luz comenzó a alumbrar el cielo detrás de las colinas rocosas, los macedonios avistaron tropas enemigas desplegadas en un frente de kilómetro y medio de ancho. Los atenienses se encontraban enfrente del ala derecha de los macedonios y los tebanos estaban situados a la izquierda. Entonces, cuando la salida del sol inundó la llanura con su brillo, un impresionante grito surgió de los atenienses que se encontraban del lado de Filipo y estos avanzaron con sus lanzas en posición. Para su sorpresa, Filipo ordenó a su ala derecha que se retirara y el avance ateniense, que era cada vez más rápido, se convirtió en una avalancha en toda regla.

De repente, el ala izquierda de los macedonios pasó a la acción. Al mando se encontraba un rubicundo joven que montaba un semental negro. Fuerte y muy guapo, era Alejandro, el hijo de Filipo, que acababa de cumplir los dieciocho años.

Rugiendo como salvajes, los hombres de Alejandro cargaron. El encuentro con el ala de los tebanos, que estaba esperándolos, debió producir un sonido como de una gran puerta de acero que se cierra con un portazo. Las lanzas chirriaban en los escudos mientras los tebanos se obstinaban en mantener su alineación. Entonces, los macedonios sacaron sus espadas cortas y avanzaron a golpes entre las líneas de los tebanos. Alejandro cabalgó con ellos, inclinándose para atacar desde su caballo Bucéfalo, con su espada brillando y golpeando sin descanso. Sus compañeros, unos selectos caballeros macedonios, trataban de proteger a su joven príncipe de los soldados que se arrojaban sobre él. Pero era inútil: la batalla solo significaba para Alejandro, incluso a esa edad, un combate personal cuerpo a cuerpo.

Bajo la presión de la carga de Alejandro, la línea tebana retrocedió y comenzó a deshacerse. Cuando finalmente la línea se quebró, Alejandro empujó a sus tropas hacia el centro. Mientras tanto, Filipo había conducido a los atenienses de la derecha a una trampa en una hondura del suelo. Dando un giro, el ala de Filipo se introdujo a través de la extensa línea enemiga para colocarse en el centro de la misma. Allí, la afamada Banda Sagrada de Tebas, guerreros que habían jurado morir antes que rendirse, todavía luchaban con valentía.

Ni siquiera el más fuerte acero de Tebas pudo resistir los golpes de martillo de Alejandro por la izquierda y de Filipo por la derecha. Cada uno de los trescientos miembros de la Sagrada Banda murió luchando. Y todos sus aliados griegos, que habían desarrollado la batalla en el centro, fueron aniquilados.

Esta fue una victoria decisiva ya que elevó a Filipo a señor de todas las ciudades-estado griegas. La conquista de los atenienses fue particularmente importante ya que Atenas se consideraba el centro cultural del mundo. Filipo intentaría ahora atraer a los artistas y escolares atenienses hacia la ignorante Macedonia, ya que deseaba que su tierra natal tuviera relevancia dentro de su imperio. Convirtió en esclavos a todos los prisioneros tebanos, pero mantuvo en cautividad a los atenienses. Necesitaba contar con la buena voluntad de los ciudadanos y con el respaldo de su flota que constituía el mayor poder naval de Grecia. Así, en vez de marchar sobre Atenas con su victorioso ejército, saqueando la ciudad y causando destrozos, envió allí a sus emisarios encabezados por uno de sus generales más capaces y por su hijo Alejandro.

En el momento en que el joven cabalgó hacia el sur desde aquel campo de batalla en aquel día de verano del año 338, comenzó lo que iba a ser el más largo viaje dentro de la historia. Atenas fue solo la primera parada; pronto buscaría horizontes más lejanos y llegaría a dominar todo el mundo conocido.

A lo largo de los siglos, Alejandro, al cual se conoce como Alejandro Magno, ha sido uno de los personajes históricos más fascinantes y controvertidos. Su vida ha sido contada y recontada, pero el verdadero carácter del hombre continúa siendo un misterio. Sus contemporáneos publicaron decenas de trabajos sobre él representándolo desde diferentes puntos de vista. Hoy en día solo conservamos fragmentos de estos trabajos pero en el siglo I a.C. estaban disponibles en su totalidad para sus contemporáneos y sirvieron de base para los libros de cinco soberbios historiadores que escribieron durante los tres primeros siglos después de Cristo. Es a estos cinco hombres a los que debemos todo nuestro conocimiento sobre Alejandro: Plutarco, Arriano, Diodoro, Curtius y Justino.

La historia de Alejandro, como debería ser contada, comienza con Filipo, su padre, y con su madre, Olimpia. Filipo era un guerrero vocacional, un hombre práctico con grandes talentos militares y administrativos que combinaba con los apetitos lujuriosos y las pasiones heredadas de sus antepasados macedonios. La reina Olimpia era la hija huérfana del gobernante del montañoso reino de Epiro, que se hallaba cerca de la frontera de la actual Albania. Sin embargo, ella sostenía que era descendiente de Aquiles, el guerrero griego, y veneraba a Dionisio, hijo de Zeus.

Su belleza fue lo que atrajo a Filipo cuando la convirtió en su reina, pero su naturaleza dominante pronto lo alejó de ella; además, sus poderes como hipnotizadora le asustaban, ya que podía

encantar serpientes y llevaba a cabo ritos místicos vergonzosos a ojos de Filipo. Podemos decir
que la reina no estaba del todo en sus cabales.
Poco después del nacimiento de Alejandro, a mediados del verano de 356 a.C., Olimpia casi
convence a su marido de que él no era el padre
del niño. Insistía en que el verdadero padre era
un dios. Este dios, decía, era Amón, o Zeus-
Amón, el cual tenía poderes místicos de fertilidad
y manifestaba su presencia mediante el envío de
rayos y de estrellas fugaces desde el cielo.

Durante la infancia de Alejandro, Olimpia le
transmitió su fascinación por la magia y, a muy
temprana edad, le instruyó para llevar a cabo
ritos místicos. Lo que quizás deseara Olimpia
más que cualquier otra cosa era que Alejandro se
pareciera lo menos posible a su padre Filipo, ya
que luchó por borrar todas las cosas que pudiera
haber heredado de él o en las que pudiera haber
estado influenciado.

Olimpia no parecía darse cuenta —o no
quería darse cuenta— de que su marido era un
extraordinario estratega militar y un perspicaz
político que estaba intentando dominar toda
Grecia. Debido a su egoísmo y a su temperamento irascible, Olimpia solo podía ver las faltas
de Filipo: que bebía demasiado y que se enfa-
daba con facilidad, que era descuidado con el dinero y que se enamoraba continuamente de otras
mujeres.

De manera inevitable, las diferencias entre
Filipo y Olimpia provocaron mucha tensión en
Alejandro, que no podía agradar a uno sin mo-
lestar al otro. Desde temprana edad, fue puesto
bajo la tutela de un pariente llamado Leónidas.
Leónidas, un familiar cercano de Olimpia, fue
serio en su disciplina para con el joven príncipe

Retrato de Filipo II de Macedonia
en una medalla de la victoria del siglo II a.C.

y, por ejemplo, no le permitía acceder a la rica comida que se servía en palacio. Muchos años después, según la crónica de Plutarco, Alejandro recordaría que Leónidas le enseñó la mejor dieta posible: "un paseo nocturno que te prepare para el desayuno y un desayuno moderado para abrir el apetito para la comida". Leónidas intentó contener el carácter demasiado instintivo de Alejandro y le entrenó para que tuviera un excelente manejo de la espada y para que fuera un magnífico atleta en montar a caballo, correr, cazar y en todos los juegos competitivos.

La valentía de Alejandro así como su capacidad de observación fueron evidentes desde que era niño. Plutarco describe un incidente en el que Alejandro, a la edad de doce años, consiguió domar a Bucéfalo, el semental negro. Filipo había planeado comprar el caballo pero cambió de idea debido a que la criatura parecía demasiado malintencionada e incontrolable. Cuando Bucéfalo fue apartado, Filipo escuchó cómo su hijo comentaba que se estaba perdiendo un excelente caballo por tratarlo con una evidente falta de habilidad y de audacia. Filipo le preguntó sarcásticamente a Alejandro si pensaba que sabía más sobre caballos que sus mayores a lo cual el niño replicó: "Podría manejar a este caballo mejor que otros". Filipo consideró su afirmación como un reto y apostó el precio del caballo a que el niño no podría mantener su presunción.

Alejandro tomó cautelosamente la brida de Bucéfalo y dirigió al animal hacia el sol. Había observado que Bucéfalo se asustaba con los movimientos de su propia sombra. Así, con su sombra detrás, el caballo se calmó y Alejandro lo montó y condujo las riendas con cuidado. Entonces, cuando tuvo al caballo completamente dominado, Alejandro le urgió para que galopara. Plutarco dice que cuando Alejandro domó finalmente a Bucéfalo: "su padre, vertiendo lágrimas de alegría, le besó mientras descendía de su caballo". Filipo compró a Bucéfalo para su hijo y, después de aquello, Alejandro fue la única persona que lo montó.

En una época de excelentes jinetes, Alejandro fue educado para destacarse entre ellos. Normalmente se olvida que en aquella época la mayoría de la gente montaba a caballo. De hecho, la silla de montar no se introdujo hasta el siglo IV a.C. y los escritos que se conservan no mencionan los estribos hasta el siglo VI. Alejandro era igual de hábil como conductor de carros y con frecuencia practicaba saltando desde el carro al suelo a toda velocidad.

Aunque Filipo estaba contento con el valor y la fuerza física de Alejandro, también era consciente de que la sabiduría es tan importante como el coraje en alguien que está destinado a ser rey. Por ello, cuando Alejandro tenía trece años, Filipo decidió que necesitaba un nuevo tutor. Ciertamente, el rey no deseaba confiar la escolaridad de su hijo a un profesor corriente y algunos historiadores especulan sobre que Filipo temía una influencia excesiva de Leónidas el cual era, después de todo, pariente de Olimpia. Sea como fuere, Filipo ordenó traer a Aristóteles, el hombre más sabio de Grecia, para que fuera el tutor de Alejandro.

Aristóteles, cuya fama ha perdurado tanto como la de su real pupilo, era un hombre práctico y mundano. Como intelectual no tenía igual. Fue el alumno más aventajado de Platón y se cree que escribió entre cuatrocientos y un millar de libros. Su apariencia no era muy distinguida:

35

Alejandro Magno recibiendo educación de Aristóteles.
El filósofo estimuló la curiosidad de Alejandro sobre el
mundo natural y su geografía. Le inclinó también a valorar
los escritos de Homero.

era pequeño y delgado y sus hundidos ojos miraban fija y profundamente por debajo de su arrugada frente.

En sus escritos, Aristóteles buscaba comprender la totalidad de las experiencias humanas y de los fenómenos naturales. Investigó duramente y formuló una nueva ciencia lógica. También fue el primer gran físico. Sus descubrimientos en física y en biología, por ejemplo, permanecieron inalterables durante mil años.

Entre sus mayores logros en la educación de Alejandro está haber enseñado al niño a pensar de forma lógica. Estimuló la curiosidad de Alejandro sobre el mundo natural y su desconocida geografía y sembró en él un amor de por vida hacia los escritos de Homero, el gran poeta griego. Sin embargo, Aristóteles no podía borrar por completo la influencia de Olimpia y Alejandro continuó siendo testarudo, supersticioso y tremendamente emocional.

Como hijo de una aristocracia guerrera recibió formación militar y, desde joven, destacó por su fuerza, destreza y valor, como ilustra la conocida anécdota de la doma de Bucéfalo, narrada por Plutarco. El caballo le acompañaría en sus conquistas y cuando fuera herido y muriera en una de sus últimas batallas, Alejandro fundaría en su honor la ciudad de Bucefalia. En la imagen, *La doma de Bucéfalo*, tal como la imaginó André Castaigne.

Aristóteles solo fue tutor de Alejandro durante tres años. Al final de este periodo, cuando el niño tenía dieciséis años, los sonidos de la batalla y su propia ambición e impaciencia comenzaron a llevarle a otra etapa de su historia. Filipo deseaba que Alejandro aprendiera las técnicas de la guerra sirviendo en el ejército y el joven príncipe pronto demostró una extraordinaria aptitud para la guerra. Después, Filipo quiso que aprendiera sobre la administración de Macedonia y lo dejó en Pela, la capital del reino, cuando él partió para luchar contra los bizantinos. Alejandro gobernó el país con gran eficiencia en ausencia de su padre e incluso sofocó una revuelta de los tracios.

Por último, se reunió con el ejército —esta vez como comandante— justo antes de la batalla de Queronea.

Después de la gran victoria macedonia, en la cual había jugado un papel tan importante, Alejandro consideró que su juventud había terminado. Su carácter se había formado por las influencias tanto de su mística madre como de su guerrero padre, tanto por la rigidez de Leónidas como por la racionalidad de Aristóteles. Y en el momento en que se dirigió a Atenas como embajador de su padre, quizás ya había asumido lo que su madre le había susurrado: que era hijo de dioses, no un mortal como los demás.

Nadie sabe con certeza si Alejandro compartía la creencia de su madre, así como nadie conoce si realmente creía que era un dios. Pero, cuando cabalgó hacia Atenas montado sobre su caballo negro, hay suficientes razones para creer que él pensaba que estaba llamado para la grandeza, como realmente así fue.

2

Un aspirante a rey

Cuando Alejandro llegó a la ciudad de Atenas en el año 338 a.C., la ciudad ya había pasado el esplendor de su poder y su vida cultural se encontraba en decadencia. Los ricos continuaban haciéndose más ricos pero el enorme número de pobres se hundía más y más en la pobreza más profunda. Los atenienses, como señalan los críticos, se habían vuelto demasiado suaves, alquilando mercenarios para que lucharan por ellos en las batallas, mirando el partido como espectadores en vez de salir a jugarlo ellos mismos.

Aun así Alejandro, un rudo joven salido del montañoso reino de Macedonia, seguro que se sintió impresionado cuando llegó a la enorme ciudad. Con sus numerosos y preciosos templos y edificios públicos, Atenas encarnaba una cultura muchísimo más rica que la rústica cultura de Macedonia.

Aunque los derrotados atenienses recibieron a Alejandro y a su delegación con honores de reyes, muchos veían a los macedonios como sus más terribles enemigos. El líder de estos era Demóstenes, un orador fluido y un político sin escrúpulos que difamaba a la gente que se le oponía y no le importaba usar cualquier medio para conseguir sus fines. Al rey Filipo le gustaba pensar en sí mismo como el liberador que traería la paz a los griegos de Europa y de Asia y los uniría en una gran confederación. Pero Demóstenes lo veía como un esclavista que amenazaba con extinguir la parpadeante luz de la democracia.

Sin embargo, durante algún tiempo después de la Batalla de Queronea, los atenienses le prestaron poca atención a Demóstenes. Al igual que otras ciudades-estado, Atenas había quedado exhausta después de las continuas guerras entre las facciones opuestas dentro de la ciudad. Se había intentado unificar los estados griegos discordantes y se había fallado, como con Esparta y Tebas. Ahora, por fin, parecía que los macedonios bajo el mando de Filipo iban a tener éxito.

Alejandro y los representantes de su padre llegaron a Atenas con una oferta de paz. Solo había una estipulación: Filipo debía ser reconocido como general de toda Grecia en una guerra contra Persia, el enemigo común de Grecia y Macedonia.

Los atenienses quedaron atónitos y aliviados porque Filipo había resultado ser, después de todo, un conquistador benigno. Quedaron tan contentos de que les hubiera permitido mantener una gran parte de su libertad que erigieron un monumento en su honor, le enviaron mensajes de elogio y agasajaron a Alejandro con todo tipo de entretenimientos.

Filipo, mientras tanto, emprendió una gira triunfal por Grecia que le llevó casi un año

Busto de mármol de Demóstenes, encontrado en Italia, de la época romana (Museo del Louvre, París).

completo. Todos los pueblos lo recibieron con cariño excepto los espartanos, que se negaron a reconocerlo como su líder. Incluso rechazaron admitirlo en su ciudad como un simple huésped. Y cuando Filipo juró no mostrarles ningún tipo de gracia si conquistaba Esparta, ellos replicaron desafiantes repitiendo el condicional "si...". Reconsiderando su actitud, el rey se retiró, ya que tenía claro que como los espartanos no tenían ningún aliado en Grecia sería muy difícil que le causaran problemas.

En Corinto, a finales del año 338, Filipo convocó a una asamblea a los representantes de todos los estados griegos excepto a los de Esparta. Reuniéndolos en una gran federación, les explicó sus planes para invadir el imperio del Gran Rey de Persia, Darío III. Los planes de Filipo eran simplemente "liberar" a las ciudades griegas que se encontraban geográficamente dentro de los dominios persas, en la actual Turquía, y llevarlas a esta federación. No deseaba conquistar Persia, les dijo, pero estaba decidido a vengar la invasión que Persia había llevado a cabo sobre Grecia un siglo y medio antes.

La federación formada por Filipo no le dio un poder absoluto sobre todos los estados miembros. La estructura de la organización permitía a cada uno de los estados mantener su constitución —pero no cambiarla— y también conservar un pequeño grado de autonomía. Esta licencia gustó a los representantes en Corinto y proporcionó a Filipo el compromiso de su lealtad. Jubilosos, le ofrecieron sus tropas para luchar contra los persas y le prometieron que ningún griego se levantaría contra él.

Poco después de esta reunión de Corinto, Filipo envió una avanzadilla de diez mil hombres hacia Persia para que establecieran un fuerte e intentaran persuadir a los griegos de Asia de que se separaran del imperio persa. Una vez que hubo enviado las tropas, Filipo se embarcó en una campaña de una naturaleza más personal: la de la seducción. El rey macedonio de cuarenta y cinco años se había enamorado de nuevo —de la misma forma que lo hizo una y otra vez durante su juventud— esta vez de una niña adolescente. Se llamaba Cleopatra, como la última reina de Egipto, y era la nieta de Atalo, uno de sus generales.

Alejandro se enfrentó con su padre, temiendo que su derecho a la corona peligrara si Filipo llegaba a tener un hijo con Cleopatra. Sin duda, estaba al tanto de lo que se murmuraba sobre Filipo en la corte. Muchos de los consejeros del rey estaban convencidos de que con este nuevo matrimonio Filipo deseaba modificar la línea de sucesión. Decían que la continua insistencia de Olimpia en que Alejandro era un dios, finalmente había conseguido que Filipo se preguntara si Alejandro era realmente su hijo. Pero también debían haberse dado cuenta de que si Filipo le proporcionó a Alejandro un cuidadoso entrenamiento y le dio fuertes responsabilidades, era porque realmente lo consideraba su heredero.

Sin embargo, una desavenencia había surgido entre padre e hijo. Olimpia, obviamente, era la culpable de la misma, ya que hizo todo lo posible para que Alejandro odiara a su padre y esta persistente influencia en Alejandro ayudó a aumentar las diferencias entre él y su padre.

Como todos los soldados de su ejército, Filipo llevaba una poblada barba, mientras Alejandro insistía en mostrarse siempre bien afeitado, un refinamiento sin duda llamativo en aquel tiempo. Además, la fuerza de Alejandro y sus habilidades atléticas lo habían convertido en el ídolo de los jovencitos dentro del ejército y Filipo había luchado demasiado como para igualar el vigor del chico. Filipo era un hombre sociable que disfrutaba bebiendo y celebrando y se sentía muy molesto por la negativa de Alejandro de acompañarlo en sus pasatiempos favoritos. La tensión en la familia real alcanzó el punto máximo —hasta que estalló— cuando Filipo repudió a Olimpia como reina (pero no como esposa) y se casó con la joven Cleopatra, convirtiéndola en la nueva reina.

En aquellos tiempos, los monarcas absolutos podían tener varias esposas pero solo una reina. Según nos cuenta Plutarco cuatro siglos después, Alejandro mantuvo un hermético silencio durante la boda de su padre, mientras que el resto de invitados, siguiendo la costumbre, bebían hasta la extenuación durante la celebración del banquete.

Al final del mismo, Atalo propuso un brindis por el futuro hijo de Filipo y Cleopatra, el cual sería el "heredero legítimo" del trono. Con este brindis, Atalo quería probablemente decir que este niño sería completamente macedonio, sin la sangre epirota que Alejandro había heredado de Olimpia. Pero Alejandro no lo entendió así. Enfurecido por la deducción de que no era hijo legítimo, se levantó y arrojó su copa de vino contra la cabeza de Atalo. Atalo la esquivó y le arrojó la suya en respuesta.

En la lucha que siguió, Filipo se levantó tambaleando del sillón y se dirigió hacia Alejandro con la espada desenvainada. Aparentemente, su intención era matar al joven príncipe. Pero era evidente que estaba completamente borracho porque tropezó y quedó tumbado en el suelo, atónito, sobre un charco de vino derramado.

Siguiendo con la historia que narra Plutarco, Alejandro señaló a su padre con el dedo y gritó con desdén que aquel hombre que se estaba preparando para pasar a Asia desde Europa no podía ni siquiera pasar de un sillón a otro. Después, caminando con grandes zancadas, salió del salón.

Al día siguiente, al amanecer, Alejandro y su madre habían salido de Pela, acompañados por un pequeño grupo de amigos y criados, y viajaron lo más rápido que pudieron. Olimpia se quedó con su hermano en la capital de Epiro, que estaba a unos doscientos kilómetros de Pela, mientras que Alejandro se dirigió a Iliria.

La escisión familiar podría haber durado para siempre de no ser por la intervención de Demarato de Corinto, un viejo amigo. Según Plutarco, fue Demarato quien amonestó a Filipo diciéndole que cómo podía preocuparse de la unión de Grecia cuando su propia casa estaba llena "de tantos desacuerdos y calamidades". Convencido con este argumento, Filipo envió a por su hijo.

Las intrigas que llenaron los meses siguientes sobrepasaron cualquier cosa que hubiera ocurrido antes en la corte macedonia. Por un lado se encontraban el impaciente príncipe, que deseaba la corona, y la reina desplazada, Olimpia, que había regresado con él a Pela. Por el otro lado estaba la nueva y ambiciosa reina y su tío, un astuto y poderoso general. Y en el medio estaba el rey, que trataba de aplacar a sus dos esposas al tiempo que intentaba reducir la presión de las facciones que se le oponían y soñaba con conseguir gloria militar en Asia.

Cuando Olimpia se enteró de que Cleopatra estaba embarazada de un vástago de Filipo, vio cómo se hacían realidad todos sus temores de que Alejandro no vistiera nunca la corona macedonia. Y directamente entró en pánico cuando Cleopatra dio a luz un hijo varón. Plutarco cuenta que cuando Olimpia tuvo conocimiento de que un joven, Pausanio, le guardaba un gran rencor a Filipo, ella "animó y envalentonó al enfurecido chico para que se vengara" y consiguió que hiciera planes para asesinar al rey.

Si Alejandro estaba o no al tanto del complot de asesinato es algo que se desconoce, pero lo que es seguro es que estaba casi tan desesperado como su madre.

A finales del verano de 336, la hermana de Alejandro se casó con su tío, el rey de Epiro, en Aegae, la antigua capital de Macedonia. El día después de la ceremonia, cuando Filipo entró en el teatro en Aegae fue apuñalado hasta la muerte por Pausanio. El vengativo joven fue asesinado por uno de los guardias de Filipo antes de que pudiera escapar.

De forma inmediata, Alejandro se proclamó a sí mismo rey Alejandro III de Macedonia, mientras Olimpia volvía a Pela a toda prisa. Allí, según algunas fuentes, obligó a Cleopatra a ahorcarse y después, personalmente, lanzó al pequeño hijo de la reina a una pira de sacrificios. Sin embargo, podemos considerar más probable que Cleopatra y su hijo fueran asesinados unas semanas después durante una expurgación de todos aquellos que suponían una amenaza para el gobierno de Alejandro.

A pesar de esta precipitada coronación, la sucesión al trono de Alejandro sí fue cuestionada. Algunos nobles macedonios estaban a

Busto de Alejandro conocido como *Herma de Azara*.
Copia romana en mármol de un original de Lisipo,
330 a.C. (Museo del Louvre).

favor de otros candidatos. Para apoyar su oposición a Alejandro, argumentaban su inexperiencia como comandante, el inquietante y frecuentemente repetido rumor de que realmente no era hijo de Filipo y la posibilidad de que hubiera intervenido en la planificación del asesinato de su padre. Sin embargo, dos de los generales en los que Filipo tuvo más confianza, Antípatro y Parmenio, permanecieron leales a Alejandro. Los soldados del ejército macedonio, que adoraban a Alejandro, siguieron voluntariosamente el ejemplo de los generales.

Así, a los escasos veinte años de edad, Alejandro ascendió al trono como resultado de un acto de violencia. Y en todo su tiempo de vida, realmente conocería pocos instantes de paz...

3

General del ejército

Los griegos recibieron la noticia de la muerte de Filipo con alegría, ya que parecía suponer la señal del fin de la dominación macedonia y con ella se cancelaban los compromisos que habían firmado con el rey en Corinto. Prácticamente todo el mundo coincidió en que el joven Alejandro nunca lideraría al ejército en Asia, incluso algunos dudaban de que fuera capaz de mantener la corona macedonia.

En Atenas, Demóstenes apareció ante la asamblea con una guirnalda de flores en su cabeza y repartió una oración escrita en honor del asesino de Filipo. Pero el enemigo político de Demóstenes, Focio, el gran general y hombre de estado ateniense señaló de forma muy astuta que la muerte de Filipo únicamente reducía el ejército macedonio en un solo hombre. Focio, muy inteligentemente, vio lo que muy pocos más fueron capaces de ver: que Filipo, con sus completamente leales macedonios, había creado una formidable maquinaria militar que funcionaría igualmente bien bajo la dirección de cualquier otro en quien confiaran.

Solo un general manifestó oposición a la sucesión de Alejandro y ese fue Atalo, el tío de Cleopatra. En el momento del asesinato de Filipo, Atalo se encontraba cruzando el estrecho de Dardanelos, preparando la anticipada invasión de Persia. Alejandro, tomando nota del desacuerdo manifestado, ordenó que lo arrestaran como a un traidor y que lo ejecutaran. Y en ese mismo instante, el joven rey comenzó la purga de todos aquellos que se le oponían.

Las primeras semanas de su reinado fueron frenéticas. La federación que había formado su padre se disolvió rápidamente. Mientras Demóstenes estaba planeando su oposición en Atenas, Tesalio realizaba los preparativos para una revuelta y Esparta declaraba en voz alta su celosamente protegida libertad de acción. Argólida y Élide declararon su independencia, Ambracia expulsó a la guarnición macedonia y las tropas macedonias conseguían a duras penas mantener a raya a la ya conquistada Tebas. Para complicar aún más el dilema de Alejandro, la misma Macedonia estaba siendo amenazada por las tribus medio salvajes que vivían en sus fronteras. En estas condiciones, la invasión de Asia que, si cabe, obsesionaba a Alejandro aún más que a su padre, tuvo que ser necesariamente pospuesta.

Irritado por este retraso y enfadado por el fracaso de la liga de Corinto, Alejandro reunió a los ministros y a los generales en el palacio de Pela. Allí, anunció su intención de marchar sobre Grecia y de someter a la confederación de ciudades-estado con la fuerza de su ejército. Sus consejeros le advirtieron en contra de esta acción, urgiendo a Alejandro a asegurar su posición en casa. Pero él desdeñó su consejo y les hizo saber que él era, de forma inamovible, dueño de sus actos. Ya no era tímido y temeroso como cuando niño. Casi de repente parecía haberse convertido en un hombre abierto, un hombre de carácter.

Sería una clara exageración decir que Alejandro era un genio militar al comienzo de su carrera. Pero sí es cierto que ya en su primer movimiento militar, después de convertirse en rey, hizo gala de una extraordinaria inteligencia y de un gran talento para sorprender al enemigo. Lo que hizo fue no llevar a su ejército de treinta mil hombres directamente al centro de la tensión en la vecina Tesalia. En vez de eso, evitó el acercamiento que hubiera sido lógico y bajó por la escarpada costa, probablemente durante la noche, y durante la mayor parte del tiempo siguieron senderos de cabras que sus ingenieros habían ensanchado antes de que llegara el grueso del ejército. Cuando los macedonios aparecieron por las rocosas colinas en el punto más al suroeste de Tesalia, los desconcertados tesalios del norte se dieron cuenta de que les habían cortado la posibilidad de que les enviaran ayuda desde la Grecia central y se sometieron sumisamente al liderazgo de Alejandro.

Entonces, Alejandro y su ejército marcharon rápidamente hacia el sur, cruzando el paso de las Termópilas, y finalmente acamparon debajo de los muros de Tebas, donde la guardia macedonia había tenido dificultades para contener a los agitados lugareños. En Atenas, apenas a dos días de marcha de allí, cundió el pánico pero nadie estaba más aterrado que Demóstenes. Cuando, con toda la ironía, la asamblea le propuso que liderara la misión de paz que iría a encontrarse con Alejandro, Demóstenes aceptó pero estaba tan consumido por el miedo que antes de alcanzar la frontera con Tebas salió huyendo hacia Atenas.

¿Por qué el ejército macedonio provocaba tanto temor? En primer lugar, porque era un verdadero ejército profesional compuesto por especialistas que estaban siempre de servicio. Cuando no estaban en el campo de batalla, mantenían su fuerza mediante el entrenamiento, los ejercicios y las marchas. En segundo lugar, los soldados, orgullosos de ser macedonios, se encontraban con la moral más que alta.

Antes de que Filipo reorganizara el ejército, la falange de infantería —los soldados de a pie que marchaban juntos en una formación rectangular— había sido el brazo fuerte de cualquier asalto. Esta falange había sido utilizada como ariete con un único propósito: romper el frente enemigo. Filipo conservó la falange e incluso la hizo más fuerte incrementando su extensión en dieciséis rangos. Pero él y Alejandro la emplearon sobre todo para asustar a sus enemigos. La confusión que causaba su avance era la señal del inminente ataque de la potente caballería macedonia. Cuando cargaban en formación cerrada en sus esbeltos caballos y blandiendo sus espadas, los caballeros eran realmente invencibles.

Además de la caballería y la infantería pesada para las grandes batallas, Filipo usaba caballería e infantería ligeras armadas con arcos para las labores de reconocimiento. Al mismo tiempo, desarrolló una asombrosa variedad de catapultas que representaban la artillería de su tiempo. También estableció un nuevo cuerpo de ingenieros para que trabajaran en la preparación de los asedios y, así, estos se encargaban de reunir armas y equipamiento para atacar las ciudades amuralladas.

La primera y más importante de estas armas era el ariete que servía para hacerlo chocar contra puertas que estuvieran cerradas o contra entradas tapiadas. Consistía en una enorme viga de madera cuyo cabezal estaba cubierto de hierro y era empujada sobre ruedas por hombres que se protegían de las flechas del enemigo con refugios portátiles de cuero.

Otro de los elementos esenciales para llevar a cabo un asedio eran las torres, las cuales se podían llevar rodando hasta lo más alto de una fortificación y conseguir que fueran lo suficientemente altas para que los hombres pudieran escalar los muros ayudándose de ellas. Había catapultas diseñadas para lanzar arpones incendiados o grandes piedras y otras catapultas enormes, llamadas *ballistae*, que parecían inmensas ballestas y que podían lanzar proyectiles de aproximadamente veintitrés kilos.

Pero el verdadero poder del ejército macedonio residía todavía en la falange de infantería que estaba compuesta por hombres duros e infatigables de media altura y fuerte constitución. Portaban lanzas de más de cuatro metros de largo que utilizaban no para arrojarlas sino para avanzar entre las líneas enemigas; la longitud extra les proporcionaba al menos un cincuenta por ciento de ventaja sobre las lanzas de menos de tres metros de sus oponentes. También iban armados con espadas cortas y con escudos ligeros de forma circular y vestían protectores para el pecho y mallas y yelmos. Cuando emprendían marchas largas, solían llevar el yelmo sobre uno de sus hombros y lo sustituían por un sombrero de ala ancha. Para sus enemigos eran primitivos y bestiales pero Alejandro los amaba por su magnífica voluntad, por su coraje y por su fuerza que les permitía soportar durísimas privaciones.

Fue el miedo a estos soldados, más que cualquier pretendido magnetismo personal de Alejandro, lo que hizo que los estados griegos regresaran a la inestable federación. Alejandro, como había hecho su padre antes que él, convocó la conferencia de Corinto, a la que todos los estados excepto Esparta enviaron representantes. Los miembros de la federación prometieron comportarse de forma pacífica, nombraron a Alejandro su Capitán General y expresaron su alivio cuando Alejandro hizo planes para que su ejército regresara tranquilamente hacia Macedonia.

Sin embargo, antes de volver a casa, Alejandro hizo una visita al templo de Apolo en Delfos para recibir una profecía del oráculo de Delfos. De acuerdo con la tradición, las profecías u oráculos del dios Apolo eran transmitidas a través de una sacerdotisa que se conocía como la pitonisa. La pitonisa se situaba en una tabla circular encima de un trípode dorado de madera. Debajo de este, había una fisura muy profunda en el suelo de la cual emanaban vapores acres cuya respiración la llevaba al estado de éxtasis. En este estado, las palabras de la pitonisa eran galimatías histéricos y sin sentido que profetas entrenados previamente traducían a un lenguaje que pudiera ser comprendido por aquél que había formulado la pregunta.

La visita de Alejandro al oráculo de Delfos se ubicaba dentro de una forma de comportamiento que mantendría durante toda su vida. Antes de todas sus empresas importantes, realizaba sacrificios a los dioses y se preocupaba por los augurios y presagios de lo que podría ocurrir.

Después del evento, expresaba su gratitud a los dioses que él pensaba que le habían ayudado y trataba de aplacar la ira de aquellos a los que creía haber ofendido. Aunque el principal motivo que tenía Alejandro para hacer estas cosas era el orgullo y estaba realmente muy lejos de un verdadero sentimiento piadoso, daba la impresión de que la religión le preocupaba casi tanto como la guerra. De hecho, en ocasiones, utilizó la religión como usaba la guerra, para imponer la paz entre los pueblos conquistados.

La impetuosa precipitación que formaba parte de su carácter se hizo evidente en Delfos. Llegó al templo en uno de los días en los que no se realizaban profecías y tuvo conocimiento de que la anciana mujer que servía de pitonisa estaba descansando en casa. Los sacerdotes del templo trataron en vano de explicarle que llevaría unos cuantos días poner los poderes del oráculo en funcionamiento. Contestándoles que él no disponía de tiempo para perderlo esperando, Alejandro se precipitó a la casa de la pitonisa agobiando a la atónita mujer y acosándola con sus preguntas.

Alejandro estaba consumido de curiosidad por saber si todo iría bien cuando emprendiera la invasión del imperio persa. Dudosa, la pitonisa le dijo que su pregunta no tenía precedentes y que era imposible de responder en el acto. Posiblemente la réplica de Alejandro estuvo llena de halagos y buenas maneras ya que tenía buena conexión con las mujeres mayores o, quizás, como Plutarco describe el incidente, Alejandro la condujo al templo por la fuerza. De cualquier forma, finalmente ella le dio una respuesta: "Hijo mío", le dijo llena de exasperación, "tú eres invencible".

Encantado, Alejandro volvió cabalgando a Pela. Allí, para su humillación, se dio cuenta de que, una vez más, tenía que posponer el asalto al imperio persa. Aunque aceptó la promesa del oráculo de que sería invencible en una guerra contra Persia, sabía bien que no podría tener éxito si Grecia no le respaldaba por completo. Y en ese momento, las tribus de las tierras interiores del norte del Danubio se habían sublevado. A menos que las aplacara, amenazarían su base de Macedonia en el momento en que su ejército emprendiera la marcha hacia Asia.

El comienzo de la primavera de 335 le encontró resbalando sobre la nieve derretida en los nobles Balcanes. La envergadura de su ejército no se conoce pero, probablemente, contaría con menos de diez mil hombres ya que el terreno montañoso hacía difícil mantener a un gran número de tropas bien equipadas. Alejandro actuaba como su propio general de campo ya que, de forma intencionada, había dejado a sus generales más expertos en Macedonia. Podemos imaginar que deseaba demostrar su capacidad como militar ya que hasta ese momento no había librado ninguna batalla como rey de Macedonia y capitán general de toda Grecia.

Desde el momento en que asumió el mando supo que el éxito del ejército macedonio vendría determinado por su liderazgo. También sabía que debía convertirse en un ejemplo para sus tropas ya que estas lo vigilaban en cada momento. Para reforzar la confianza de su ejército y quizás la suya propia, tomó el hábito de quitarse el yelmo cada vez que visitaba o inspeccionaba las tropas en el campo de batalla. Con la cabeza descubierta, demostraba que él también era vulnerable; los soldados le adoraron por este toque de humanidad y cercanía y redoblaron así su determinación de luchar por él y de seguirle adonde quisiera conducirlos.

Cuando los macedonios alcanzaron el paso de Shipka, fue el pensamiento rápido y astuto de Alejandro el que les salvó de la total aniquilación. El paso estaba guardado por los tracianos rebeldes que habían dispuesto sus carros en una colina para establecer un cerco sobre los macedonios. Alejandro estaba seguro de que los tracianos planeaban hacer rodar los carros por la colina cuando sus hombres comenzaran el ataque. Por ello, ordenó a una avanzadilla de su infantería que abrieran líneas y formaran caminos a través de los cuales pudieran pasar los carros. En los lugares donde el monte era muy inclinado y esta acción no era posible, colocó a sus hombres tumbados bajo la protección de sus escudos entrelazados. Entonces, justo como Alejandro había anticipado, los tracianos soltaron sus carros y bajaron con estruendo por la colina. Pasaron a través de las líneas abiertas por Alejandro y saltaron sobre los hombres que yacían bajo sus escudos, dejando solo unas pocas bajas en su avance. Los macedonios se levantaron enseguida y continuaron su ascenso por la colina, dispersaron a los tracianos y tomaron el paso.

Esta no fue una acción crucial —de hecho, no fue más que una simple escaramuza— pero demostró la habilidad de Alejandro para improvisar tácticas militares en condiciones especiales. A medida que marchaban hacia el Danubio, Alejandro demostró una y otra vez su astucia táctica y su habilidad para ganar batallas sin desperdiciar la fuerza de las falanges más preciadas de su ejército. Cuando, por ejemplo, una amplia fuerza de tribalios se escondió en la densidad de una cañada boscosa, Alejandro mantuvo a su caballería en la retaguardia y mandó como avanzadilla una fina línea de arqueros de infantería para que actuaran como señuelo. El truco funcionó a la perfección. Los tribalios se centraron en acabar con los arqueros, los cuales se dispersaron al tiempo que la caballería salía de su escondite y cargaba contra el enemigo. Arriano dice que en este encuentro fueron masacrados tres mil tribalios mientras que solo murieron cincuenta y un macedonios. Posiblemente estas cifras sean un poco exageradas pero se sabe a ciencia cierta, sin embargo, que los macedonios hicieron unos pocos prisioneros que fueron vendidos como esclavos y que el beneficio de esta venta se repartió entre las tropas.

En el río Danubio, que fluye a lo largo de Europa oriental, los macedonios se embarcaron en una pequeña flota de galeras que Alejandro había ordenado que llevaran desde Bizancio a través del Mar Negro. Pero las galeras no pudieron sortear las traicioneras corrientes del Danubio y se vieron obligadas a dar la vuelta. Alejandro y sus hombres desembarcaron desazonados en la orilla sur de este impresionante río que señalaba la frontera norte del mundo conocido. Una vez más tuvo que improvisar. Utilizó piezas de madera y cubiertas tensadas de cuero rellenas de paja para elaborar balsas y transportó una fuerza de quinientos jinetes y cuatrocientos soldados de infantería a la otra orilla del río en una sola noche. De acuerdo con Arriano, los macedonios alcanzaron la orilla norte "en un lugar en el que el maíz estaba muy alto". Así, ocultos en los campos de maíz, sorprendieron y masacraron a las tribus que se habían unido para bloquearles el paso.

El éxito de Alejandro en cruzar el Danubio sin ayuda de puentes produjo grandes resultados estratégicos. Las asombradas tribus del norte —incluso las que estaban muy lejos, en el Adriático— pensaron que era una especie de superhombre y enviaron emisarios para suplicar su amistad. Y durante cincuenta años ninguna otra tribu intentó de nuevo una invasión de Grecia.

Muy poco después de que la campaña del Danubio terminara, Alejandro tuvo noticias de que los ilirios habían iniciado una revuelta. Se habían hecho con el fuerte de Pelion que dominaba el valle del río Devoll, en lo que es hoy Albania, y así controlaban la ruta oeste hacia Macedonia.

Alejandro marchó rápidamente hacia el sur y alineó a su ejército alrededor del fuerte preparándose para cercarlo. Pero, de repente descubrió que sus tropas habían sido rodeadas a su vez por una gran fuerza de ilirios. En su obcecación por recuperar Pelion, Alejandro había cometido un error de juicio: el perseguidor se había convertido ahora en el perseguido.

Las fuerzas del enemigo doblaban las suyas, las provisiones comenzaban a escasear y Alejandro se enfrentaba de nuevo al desastre total. No existía ninguna maniobra militar ortodoxa que pudiera librar a los macedonios de esta trampa. En la llanura que había entre el fuerte y las tropas enemigas que le rodeaban, puso a su ejército al completo a realizar complicadas maniobras. La infantería caminaba y la caballería hacía cabriolas hacia delante y hacia atrás, haciendo círculos, de forma oblicua y por los flancos mientras los ilirios de las colinas circundantes se acercaban poco a poco para presenciar el estupendo espectáculo.

Quizás pensaron que los macedonios estaban bailando una grotesca danza de la muerte y esto es probablemente lo que perseguía Alejandro. Los macedonios estaban sencillamente haciendo tiempo, esperando el momento de tomar a su enemigo por sorpresa. Y, cuando vieron la oportunidad, se precipitaron hacia la línea defensiva de los ilirios, después giraron y fingieron que iban a su encuentro de nuevo. Los ilirios se retiraron confusos y mientras las máquinas de guerra de Alejandro entraban en acción para retener el contraataque, sus hombres se retrajeron hasta un refugio que se encontraba a cierta distancia del fuerte.

Tres días después, al caer la noche, Alejandro lideró un ataque sorpresa al campamento ilirio y los aniquiló por completo. Tras destruir el fuerte de Pelion, los ilirios huyeron por las montañas con los macedonios siguiéndoles los pasos. Allí, en una escaramuza con el enemigo, Alejandro sufrió una caída muy fuerte en la que estuvo a punto de romperse el cuello. Enseguida el rumor de que había sido asesinado comenzó a extenderse por Grecia.

Demóstenes se dirigió a la asamblea de Atenas explotando el rumor. Habló maravillas sobre los persas y pronunció un fuerte y apasionado discurso llamando a favor de una revuelta de los tebanos contra Alejandro. Como un miembro de la asamblea expresó más tarde, fue tan elocuente que "solo le faltó pasear el cadáver de Alejandro por la tribuna delante de nuestros ojos".

Lejos de ser un cadáver, Alejandro se convirtió en un vengador muy enfadado cuando, allí lejos en las montañas, tuvo conocimiento de que la lengua de Demóstenes estaba silbando de nuevo y de que los tebanos habían encerrado a la guardia macedonia en su ciudadela. Temiendo que Atenas, Esparta y otras ciudades-estado se unieran a la revuelta contra él, Alejandro dirigió de nuevo sus tropas hacia Tebas. Él y sus hombres recorrieron quinientos kilómetros en cuarenta días, cruzando ríos, subiendo montañas y atravesando espesos bosques. Cuando llegó a las puertas de Tebas, Alejandro ofreció amnistía para todos aquellos que salieran de la ciudad y se unieran a él.

Los tebanos replicaron con abucheos y Alejandro anunció entonces que atacaría la ciudad. Pero antes de que pudiera trazar los planes para el sitio, un cuerpo de sus tropas le tendió una emboscada a una avanzadilla tebana y los persiguió a través de una de las puertas de la ciudad. Temiendo que sus hombres fueran rodeados por fuerzas que les superaran en número, Alejandro envió al resto de su ejército en su ayuda y se abrieron camino a través de dicha puerta abierta.

A esto siguió una de las más salvajes escenas de la historia de Grecia. Los tebanos lucharon desesperadamente por las estrechas callejuelas, sobre los tejados de los edificios, incluso dentro de los templos. Pero no tuvieron ninguna oportunidad contra los macedonios que parecían hambrientos de sangre. Ni las mujeres ni los niños se salvaron de los asesinatos y del pillaje macedonio. Seis mil tebanos fueron masacrados y treinta mil fueron hechos prisioneros mientras que Alejandro solo perdió unos quinientos hombres. Todos los capturados que no pudieron probar que estaban en contra del levantamiento fueron inmediatamente vendidos como esclavos.

Alejandro tuvo noticias de que entre los prisioneros que esperaban su juicio había una atractiva y bien vestida mujer capturada junto a sus hijos. Se enteró de que había sido acusada de matar a un oficial, un traciano que, según ella, había irrumpido en su casa. No estaba arrepentida y describió a Alejandro cómo había llevado al soldado con artimañas hasta un pozo donde, pretendidamente, guardaba sus joyas. Cuando el soldado se inclinó para sacar el tesoro, ella le había empujado dentro del pozo y después le había arrojado piedras hasta matarlo.

Cuando Alejandro le preguntó quién era, ella le contó que era la hermana del hombre que había liderado a los tebanos contra su padre en la batalla de Queronea. Entonces, mientras ella permanecía delante de Alejandro, aparentemente impasible y esperando su sentencia de muerte, él ordenó a sus hombres que la liberaran y que la escoltaran a ella y a sus hijos fuera de las líneas macedonias.

Este hecho debió asombrar enormemente a los contemporáneos de Alejandro. De acuerdo con el historiador británico Sir William Tarn, cualquier expresión de compasión en aquel tiempo "se consideraba poco varonil, propia de poetas y filósofos". Alejandro era capaz de una crueldad extrema, como muchos otros gobernantes de su tiempo, pero la cualidad que le distinguía más claramente de sus hombres era la compasión. Su bondad para con esta mujer no tenía prácticamente precedentes.

Después de disponer de los prisioneros tebanos, Alejandro ordenó que se destruyera la ciudad completa, excepto los templos y la casa del poeta Píndaro. La destrucción fue llevada a cabo mientras sonaba la música de las flautas.

Si arrasando Tebas Alejandro pretendía que los griegos sucumbieran a su liderazgo, entonces

Busto de Píndaro, Museo Nacional de Arqueología, Napoles.
Alejandro ordenó la destrucción completa de la ciudad de
Tebas, pero ordenó respetar los templos y la casa de Píndaro.

hay que decir que cumplió enteramente su propósito. Los griegos se encogieron de pánico con la destrucción de Tebas y todos los estados excepto Esparta se apresuraron a mostrar humildes gestos de paz. Los aterrados atenienses, temiendo la brutalidad de la venganza de Alejandro, enviaron a su más importante hombre de estado, Focio, para que intercediera por ellos. Alejandro le prometió que no haría daño alguno a los atenienses y simplemente pidió que Atenas desterrara a un hombre, Caridemo, que había fomentado la rebelión contra Macedonia. Incluso Demóstenes se libró del destierro. Aunque no se cree que Alejandro tuviera gran sentido del humor, sí que lo mostró en esta ocasión, ya que dijo que sería suficiente castigo con que se obligara a Demóstenes a estar callado y a retirarse de la política.

Ahora Grecia entera y todas las tierras que rodeaban el Danubio estaban bajo el dominio de Alejandro y de su ejército. Por fin podía emprender su gran aventura.

4

La marcha sobre Asia

Una mañana de abril de 334, Alejandro de Macedonia condujo a sus fuerzas de combate fuera de Pela para no volver jamás. La noche antes, este gobernante de veintidós años había presidido un banquete de despedida, le había dicho adiós a Olimpia y designado a su leal general Antípatro para que sirviera como regente de Macedonia en su ausencia.

El ejército que formó detrás de él y emprendió el camino al oeste hacia el estrecho de los Dardanelos se componía de un poco más de treinta mil soldados de infantería y de cinco mil de caballería. Los consejeros más ancianos de Alejandro sabían de su impulsividad y seguro que esta vez pensaron que se comportaba como un completo temerario ya que planeaba enfrentar a su relativamente pequeño ejército contra los persas que, según le habían informado, podían reunir a un millón de hombres para la lucha.

Alejandro había rechazado cualquier consejo que implicara tener que esperar. También se había negado a casarse y a tener un heredero antes de comenzar la invasión. Para financiar su aventura, se había visto obligado a pedir dinero prestado ya que las arcas reales estaban completamente vacías. De hecho, él y su ejército solo disponían de provisiones para un mes pero marcharon rápidos y decididos, cubriendo casi seiscientos kilómetros hasta el puerto de Sestos en solo veinte días. Desde Sestos hasta la costa de Asia había solo un kilómetro y medio, un breve viaje en barco cruzando el Dardanelos.

Vestido con la armadura completa y llevando un yelmo decorado con una gran pluma blanca, Alejandro se colocó al lado del timonel de la galera real solo para poder decir que había sido él quien había conducido el barco a Asia. A mitad de la travesía, un toro que había sido atado a un altar que habían alzado de forma provisional fue sacrificado como ofrenda a Poseidón, el rey griego del mar. Alejandro vertió una copa de oro llena de vino en el mar y después lanzó la copa dentro de las olas como un gesto de máximo respeto. Después de pisar la orilla, una de las cosas que hizo primero fue visitar Troya para adornar y agasajar con guirnaldas la tumba de su mítico antepasado, Aquiles.

Mediante tales ceremonias, Alejandro daba a entender que no pensaba en sí mismo como un general corriente que iba a comenzar una batalla más. Con su altamente desarrollado sentido de lo dramático, parecía querer decirse a sí mismo, a sus soldados y al mundo entero que estaba dando comienzo a una misión histórica. Los estudiosos de la historia no se ponen de acuerdo en qué deseaba exactamente Alejandro de esta misión. Sin embargo, Sir William Tarn insiste en que Alejandro invadió Asia porque "nunca se le pasó por la cabeza no hacerlo; era una parte de su herencia". Todavía hoy nadie puede imaginar hasta dónde planeó llegar; probablemente, ni en su propio tiempo nadie sabía con certeza qué tenía exactamente Alejandro en la cabeza.

El imperio persa se extendía desde Egipto hasta los mares Caspio y Negro, desde el Mediterráneo hasta el río Indo. Un siglo y medio antes del nacimiento de Alejandro, el rey persa Darío I había moldeado su imperio partiendo de múltiples naciones y de millones de personas a las que no les unían ni su raza, ni una religión ni siquiera el mismo idioma. La forma en que Darío consiguió unir a esta mezcla de gentes y culturas en un único imperio es una excelente muestra de su genio como gobernante.

En primer lugar tenía que ganarse la lealtad de sus súbditos. Sabiamente, Darío lo logró mediante una política de tolerancia. Eligió respetar los derechos y privilegios de cada grupo racial y nacional de sus dominios y tomó buen cuidado de hacer honor a sus tradiciones y costumbres. Gobernó a todos usando el mismo método que sus líderes tradicionales, es decir, como un faraón a los egipcios o como un rey a los babilonios.

Después, para propósitos administrativos dividió su imperio en veinte provincias o satrapías, cada una de ellas gobernada por un virrey o sátrapa, cuyas funciones principales eran recoger los impuestos y mantener la ley y el orden. Dándose perfecta cuenta de que un virrey demasiado ambicioso podía intentar independizarse de la autoridad central, Darío los mantuvo bajo una cercana supervisión y envió a su propio ejército para que los vigilara. El corazón de su armada era una fuerza de diez mil hombres de infantería a los cuales llamaban "los inmortales".

Darío parecía sentir que tenía la gran misión de civilizar a las gentes que él y sus predecesores habían conquistado. La extensión de su programa de mejoras llegó a todas las partes de su imperio, incluso a las más pequeñas. Construyó un enorme canal interior desde el Nilo hasta el mar Rojo, estableció enormes puertos y construyó grandes depósitos de agua para regar las tierras áridas, construyó carreteras y puentes para facilitar y hacer más rápido el movimiento de tropas e intentó que sus barcos rodearan África entera.

Las excelentes calzadas militares que construyó Darío consiguieron que el transporte y las comunicaciones fueran fáciles y rápidos. Normalmente, por ejemplo, el viaje de doscientos cuarenta kilómetros entre Sardis y Susa llevaba noventa días. Pero los correos reales, ayudados por el cambio de caballos y por los lugares para repostar que estaban situados a lo largo del camino, cubrían la distancia en solo siete días.

Fue por todos estos motivos por los cuales Darío III, que había llegado al trono en el año 336, supo tan pronto que Alejandro había puesto los pies en Asia.

Darío III, que ostentaba el tradicional título de rey, era un soldado capaz pero carecía del increíble genio del primer Darío. En el tiempo en que Darío III reinaba, el imperio persa había comenzado su decadencia. En muchos aspectos, el imperio sobrevivía de las rentas de su pasada gloria. Los Inmortales habían desaparecido y, aunque Persia mantenía el control sobre los mares, su ejército dependía en gran medida de los mercenarios griegos. En teoría, Darío tenía los ejércitos de todos los virreyes a su disposición pero muchos de ellos era corruptos y desleales al monarca.

En realidad, el imperio todavía mantenía sus excelentes vías de comunicación y su maquinaria administrativa era tan eficiente como siempre, pero con solo estos recursos no podían hacer frente a un agresor que fuera medianamente inteligente.

Aunque los tendones del imperio se habían relajado, los nervios todavía estaban tensos y reaccionaron con prontitud a la invasión de Alejandro. Una fuerza persa liderada por Espitridates, virrey de Lidia y Jonia, y por Arsites, sátrapa de Frigia, tomó una posición defensiva detrás del río Gránico, setenta millas al este del campamento de Alejandro en Arisbe.

Según el relato de Arriano, el ejército persa se componía de veinte mil unidades de caballería y un número casi igual de mercenarios griegos funcionaban como soldados de infantería, liderados por Memnón, el general griego de Rodas que también gobernaba la flota persa. Los historiadores modernos creen que la mayoría de estos mercenarios fueron enviados a los barcos en vez de actuar en la infantería. Y esta era la razón por la cual el ejército persa de tierra era menor que el de Alejandro.

Memnón urgió a los persas a retirarse antes de que Alejandro llegara, a dejar el país, a maniobrar hacia la costa y a invadir Macedonia empleando su poderosa flota. Pero Espitridates y Arsites rechazaron el consejo de Memnón, a pesar de lo sabio del mismo, porque estaban seguros de que la habilidad guerrera de los persas era muy superior a la de los macedonios.

Los persas eran tan orgullosos y tan valientes como los macedonios. Su arma tradicional era el arco, su fuerza más poderosa la caballería y sus líderes adoraban el combate personal. Pero en la batalla de Gránico tanto su orgullo como su valentía se deshicieron por completo.

Su confianza se disipó cuando Alejandro llevó a su ejército hacia la ribera del río en aquella tarde de primavera ya que percibió de inmediato que los persas habían cometido un grave error táctico. Habían dispuesto toda su caballería a lo largo de la empinada ribera oriental, en donde no les era posible cargar, y habían situado a sus potentes mercenarios griegos de infantería detrás.

Los persas planeaban matar primero a Alejandro y cargar después contra su ya desmoralizado ejército. No habían prestado mucha atención al problema de defender su tierra.

Realmente los soldados persas debían parecer invencibles: estaban fuertemente armados, tenían un inmenso cuerpo de jinetes y, a causa de su predilección por los colores brillantes, debían ofrecer una impresionante y deslumbrante variedad a los ojos occidentales.

Alejandro quería comenzar cuanto antes la batalla y tomar ventaja de la deficiente distribución de las tropas persas. También es posible que Alejandro quisiera atacar el primero porque el sol se estaba poniendo y daba justo en los ojos a sus enemigos. Una vez más, para conseguir la victoria, Alejandro estaba improvisando un inesperado plan de ataque.

Los líderes de los persas lo reconocieron fácilmente por el brillo de su armadura y vieron cómo dirigía a sus fuerzas a lo largo de la ribera. Aunque podían observar cada una de sus acciones, no alcanzaban a imaginar su plan. Lo poco que entendieron les debió parecer vago y confuso pero el poco ortodoxo plan de batalla estaba concebido con mucho cuidado y Alejandro lo ejecutó a la perfección.

En el centro de su línea de ataque colocó a sus poderosas falanges de infantería con un ala de caballería en cada uno de los extremos. Alejandro manipuló esas alas de caballería como si fueran los puños de un boxeador. Primeramente, retuvo la izquierda, que estaba comandada por Parmenio, y atacó con la caballería de la derecha. Mientras los jinetes persas luchaban por contener este primer ataque, sus generales no tenían ninguna duda de que Alejandro daría el golpe definitivo desde la izquierda, pero Alejandro les engañó. Con el apoyo del ala izquierda, lanzó el ataque decisivo hacia la derecha, liderando él mismo a sus compañeros jinetes. Galoparon cruzando el Gránico —a través del pasadizo de acero que formaban la caballería ligera y la infantería pesada— y avanzaron hasta el corazón del ala izquierda de los persas donde los generales enemigos se encontraban reunidos.

En el avance de las tropas a través de las filas frontales de los persas, la lanza de Alejandro quedó hecha añicos. Dcmaratus el Corintio, el hombre que una vez medió en una disputa entre Alejandro y su padre, le proporcionó otra. En el momento en que Alejandro tomó la espada fue atacado por el yerno de Darío, Mitrídates. Alejandro clavó la lanza en el rostro de su atacante, matándole. Entonces, Resaces, otro general persa, golpeó a Alejandro en la cabeza con un hacha de guerra, cortando la mitad del yelmo de Alejandro y una de sus plumas blancas.

Todavía aturdido por la embestida, Alejandro tiró a Resaces al suelo y le hundió la espada en el pecho, atravesando su coraza y llegando a su corazón. En ese momento, Espitrídates avanzaba hacia Alejandro por detrás, con la espada en alto preparada para matarlo. Pero Clito, uno de los jinetes, arremetió contra él y con un poderoso golpe cortó el brazo de Espitrídates a la altura del hombro; el brazo cayó al suelo todavía sujetando la espada en la mano.

Mientras el combate alrededor de Alejandro se hacía más intenso, el ala izquierda de la caballería liderada por Parmenio atacó y la infantería armada cerró sus sólidas falanges encima del desmoronado frente persa. Ante estas fuertes embestidas, los persas que quedaban vacilaron, se dispersaron confusos y finalmente huyeron.

Alejandro no los persiguió. En vez de eso, se giró hacia los mercenarios griegos que apenas habían sufrido daños. Completamente rodeados y sabiendo que no les darían cuartel —ya que Alejandro deseaba dar ejemplo con ellos para que otros griegos desistieran de luchar para los persas—, los mercenarios resistieron valientemente oleada tras oleada de la infantería y la caballería macedonias. Finalmente, dos mil griegos se rindieron y cuando la oscuridad sobrevino la batalla terminó.

Entre los muertos que había en el campo de batalla se encontraban un yerno y un cuñado de Darío, además de varios príncipes y virreyes, incluido Espitrídates. Arsites, el general de caballería, se suicidó, pero Memnón, que había liderado a los mercenarios griegos, escapó. El historiador Diodoro señala que los persas tuvieron doce mil bajas y veinte mil soldados fueron hechos presos, mientras que los macedonios solo perdieron 150 hombres. Sin duda, estas cifras también son exageradas. A Alejandro, como a otros muchos generales, le divertía presumir de que su ejército había causado un enorme número de muertos en sus enemigos pero con un bajo coste para él.

La conducta de Alejandro después de su triunfo en Gránico revela mucho sobre su naturaleza que parecía ser una peculiar mezcla de bondad y brutalidad.

Después de la batalla, visitó a todos y cada uno de sus soldados que habían resultado heridos y ayudó a los doctores a curarlos, ya que profesaba casi el mismo interés en el arte de la sanación que en el de la guerra. Sin embargo, no demostró casi ninguna preocupación por los mercenarios griegos capturados. Los apiñó juntos y los envió como esclavos a Macedonia, dado que, alzando las armas contra Alejandro, habían demostrado su rechazo a reconocerlo como señor de toda Grecia. Sin embargo, los tebanos que había entre los mercenarios capturados fueron liberados porque Alejandro todavía recordaba la destrucción de Tebas con cierto sentimiento de culpabilidad.

La mayoría del rico botín capturado a los persas se dividió entre los hombres de Alejandro porque, aunque eran tremendamente disciplinados, esperaban que su recompensa por marchar sobre Asia fuera hacerse ricos. Alejandro se reservó una pequeña parte del botín para sí mismo; sus posesiones eran pocas y muy sencillas. Pero eligió los artículos más preciados del tesoro para enviárselos a Olimpia a casa.

Batalla del río Gránico. Grabado basado en un fresco de
Charles Le Brun. Después de la batalla, Alejandro visitó
a cada uno de sus soldados que habían resultado
heridos y ayudó a los doctores a curarlos.

Quizás su gesto más significativo después de la batalla fue el que hizo hacia la ciudad de Atenas: un regalo de trescientas armaduras persas completas a las que hizo acompañar de la siguiente inscripción: "Alejandro, hijo de Filipo, y todos los griegos excepto los espartanos ofrecen este presente del botín tomado a los extranjeros que habitan Asia". Esta fue su casi última referencia pública refiriéndose a sí mismo como el hijo de Filipo. De ahí en adelante, negaría la influencia de su padre ya que no deseaba permanecer más tiempo a la sombra de ningún hombre. Su regalo, y la inscripción que le acompañaba, indicaba que Alejandro todavía anhelaba la admiración de Atenas y deseaba que le consideraran griego. Por supuesto, sabía que la mayoría de los atenienses lo miraban con desprecio considerándole un extraño de tierras macedonias.

Ahora que Alejandro había establecido un lugar seguro en Asia, inmediatamente se dispuso a dar pasos para protegerlo y al mismo tiempo para que siguiera manteniendo un acceso fácil y rápido al mar. No solo debía ocupar la costa oeste de Asia Menor, también debía conseguir dejar a su paso países amigos y pacíficos a medida que avanzara. Situadas a lo largo de las costas de los mares Egeo y Mediterráneo descansaban ciudades muy importantes como si fueran ricas perlas ensartadas a lo largo del agua. Muchas de ellas habían sido fundadas por los colonizadores griegos de Lidia y Jonia que habían abandonado sus abarrotados países hacía siglos para extender su influencia por las distantes costas mediterráneas.

La aproximación de Alejandro a estas ciudades de Asia Menor fue estrictamente política pero también excepcional para su tiempo. Anunció que había llegado para liberarles de la esclavitud a que los sometían los persas y para restaurar las antiguas prerrogativas griegas. También les ofreció una cierta autodeterminación ya que dependía de su amistad para poder consolidar su imperio. Muy dentro en sus pensamientos, parece claro que perseguía el concepto de unidad griega que su padre Filipo había deseado tanto.

Para conseguir tal unidad, Alejandro sabía que debía crear una alianza con todas las facciones antipersas que encontrara y que debía poner un énfasis especial en los beneficios que obtendrían de unirse a su emergente y todopoderoso imperio, incluso aunque tal alianza significara subordinar casi todos sus poderes al gobierno de Alejandro.

Irónicamente, su idea era similar a aquella que habían perseguido los fundadores del imperio persa. Sin embargo, debido a que fue el primer gobernante occidental que intentó hacer realidad esta magnífica idea, Alejandro se ganó un lugar significativo en la historia de la política. Su política exterior se basaba en la premisa de que la soberana elección de su gobierno y la libertad serían en sí mismas suficiente recompensa para todos los sujetos conquistados. Sin embargo, el concepto de libertad de Alejandro tenía estrictas limitaciones; obviamente, el conquistador nunca garantizaría al gobierno derrotado una cantidad de poder que pudiera llegar a amenazar o a retar a su autoridad.

En Asia Menor, las gentes de las ciudades de Sardes y Éfeso recibieron a Alejandro calurosamente. No está claro qué tipo de libertades, si hubo alguna, restauró para ellos, ya que situó a sus hombres en el poder con un sistema administrativo similar al de los persas. Pero en Éfeso tuvo un gran gesto que debió encantar a los ciudadanos. A pesar de sus grandes necesidades económicas, ordenó la construcción de un nuevo templo en honor a Artemisa, ya que el anterior se había quemado por completo de forma misteriosa el mismo día en que él nació. Además especificó que el dinero de los impuestos que los efesios habían estado pagando a Darío cada año se utilizaría de ahí en adelante para una adecuada conservación del templo. Podemos tomar este gesto como un reflejo de sus preocupaciones religiosas y, posiblemente, también expresaba con él sus ideas de la libertad de las naciones.

Marchando hacia el sur una vez más, Alejandro llegó al importante puerto de la ciudad de Mileto, el cual era el centro de la civilización griega de los jonios. Allí, delante de las cerradas puertas de la ciudad, Alejandro se dio cuenta de que eran pocos los griegos que compartían su sueño de unidad nacional. Para los de Mileto, así como para muchos millones de sus contemporáneos, Alejandro no era precisamente un gran héroe. Todo lo contrario, le consideraban un presuntuoso guerrero de los balcanes, otro pretendido conquistador cuyo propósito era interrumpir el estable orden de sus vidas.

Mileto era un próspero centro comercial y su gente era inteligente y agresiva. Los jonios la habían colonizado desde Ática aproximadamente en el 1000 a.C. y en el siglo VI a.C. se había convertido en la ciudad más rica del mundo griego. Los atletas milesios ocupaban buenos lugares en los Juegos Olímpicos y los aristócratas acomodados subvencionaban la filosofía y las artes. En todos los estándares vitales excepto en el militar, la vida de los milesios era muy superior a la de los macedonios.

Cuando los macedonios hicieron sonar sus espadas en los muros de Mileto, los emisarios salieron y propusieron a Alejandro que, si dejaba intacta la ciudad, ellos permanecerían neutrales en la guerra. Enfadado por la indiferencia que mostraban ante sus propósitos, Alejandro replicó que no había llegado hasta allí para compartir nada con nadie sino para quedarse con todo. Entonces los milesios eligieron luchar.

Alejandro tomó la ciudad después de una batalla desesperada y su ejército masacró sin piedad a los defensores de la misma. Como ayuda a su causa, reclutó a trescientos mercenarios griegos que encontró refugiados en una isla enfrente de la costa, esperando ser asesinados o vendidos como esclavos por los macedonios. Este fue un cambio significativo en su política que indicó que Alejandro se había vuelto más realista y que ahora sabía que no podía continuar tratando como traidores a todos los griegos que se le oponían. A partir de ese momento, perdonaría a aquellos mercenarios griegos que se mostraran de acuerdo en unirse a su ejército para servirle.

Con el dominio de Mileto bien asegurado, la base de Alejandro en el extranjero estaba por fin completada. Controlaba la orilla oriental del Egeo y desde allí podía comunicarse con Grecia a través de las islas que se extendían como cantos rodados entre las dos costas.

Uno de sus siguientes movimientos fue dividir su ejército, enviando una parte del mismo hacia el norte bajo la dirección de Parmenio, su segundo en el mando, a que tomara algunos cuarteles estratégicos de invierno en Gordia que se erigía el sudoeste de la moderna ciudad turca de Ankara. Allí, en la gran ruta comercial del norte de Persia, que el antiguo historiador Herodoto llamaba el "Camino real", Parmenio podía controlar cualquier movimiento agresivo que Darío intentara.

Pero los persas no actuaron con precipitación. Su lentitud en responder después de la derrota de Gránico escondía su temperamento tranquilo así como la disminución de su interés por la batalla. Sin embargo, durante la espera estaban ensamblando un enorme ejército y cuando, de manera casual, encontraron a Alejandro en una estrecha llanura en Issos, la subsiguiente batalla pareció una lucha a muerte entre un elefante y un tigre.

Mientras Darío reunía sus fuerzas, Alejandro se movía por el sur de Asia Menor. Esta era una zona muy accidentada, muy montañosa, llena de escarpados desfiladeros y valles y, con frecuencia, tremendamente fría. Pero, al mismo tiempo, presentaba para Alejandro el atractivo del combate y de la conquista. No luchó allí grandes batallas pero se vio envuelto en innumerables escaramuzas. A él no le importaba el tamaño del conflicto, siempre se alegraba de entrar en combate y su método era siempre el mismo: liderar el ataque decisivo personalmente, buscar a los líderes enemigos y eliminarlos clavándoles la espada en sus rostros.

A su lado se encontraba siempre su mejor amigo, Hefestión. Él y Alejandro eran como hermanos, según dicen los antiguos escritos, y compartían confidencias, la misma tienda de campaña e incluso los mismos platos. No nos ha llegado ninguna descripción física de Hefestión, pero podemos suponer que se parecía mucho a

Alejandro, que era joven y muy guapo. Según cuentan las leyendas, una vez que capturaron a una princesa, ella le presentó sus respetos, confundiéndolo con Alejandro. Lejos de molestarse, Alejandro se mostró encantado con el error.

Haciendo un cálculo de probabilidades, en ese momento Alejandro ya debería haber perdido su vida en una de sus múltiples batallas, pero tuvo más cerca a la muerte por causa de la enfermedad que por causa de la guerra. Había marchado hacia el norte, hacia Gordia, a comienzos del invierno del año 333, uniendo sus fuerzas con las de Parmenio y había acompañado a los macedonios hacia el sur a final de la primavera o comienzos del verano para hacerse con el centro comercial de Tarso. Cuando descendió con su ejército desde las templadas montañas hasta la húmeda planicie, Alejandro se sumergió en el frío río Cidno para darse un baño. Poco después se vio aquejado por unas fiebres que parecían tifoideas.

Durante muchos días su vida estuvo en peligro y el ejército se paralizó de miedo ya que cada una de sus acciones, cada uno de sus movimientos, dependían totalmente del liderazgo de Alejandro. Podemos imaginar perfectamente la oleada de regocijo que se extendió por las filas cuando llegaron noticias de que Alejandro había sobrevivido a las fiebres... y a los purgantes y sangrías que caracterizaban la medicina de su tiempo.

Los escritos de Arriano y de Plutarco indican que, mientras Alejandro estaba gravemente enfermo, Parmenio le envió un mensaje para advertirle de que Darío había sobornado al médico en el que más confiaba, Filipo, para que le envenenara. Alejandro, la siguiente vez que

Mosaico de un suelo de Pompeya desenterrado en la una vez próspera villa pompeyana conocida como la Casa del Fauno. Probablemente representa la Batalla de Issos. Se ha conjeturado que el mosaico es una copia de un fresco del siglo IV a.C. pintado por Filoxenos de Eretria.

Este detalle de la imagen anterior está considerado como el retrato definitivo de Alejandro Magno.

Filipo le ofreció un purgante —según narra la historia—, le mostró a Filipo el mensaje de Parmenio y se bebió la poción "mostrándose alegre y abierto por mostrar su bondad y su confianza hacia el médico". Aunque sea un poco exagerada, esta historia nos muestra que la confianza de Alejandro en los que él consideraba sus amigos era inquebrantable.

En el verano de 333, mientras Alejandro aseguraba sus bases y limpiaba sus líneas de comunicación, un enorme ejército de Darío avanzaba hacia el río Éufrates desde Babilonia. Solo podemos calcular su tamaño de manera aproximada. Arriano y Plutarco dicen que se componía de seiscientos mil hombres Justino y Diodoro dicen que quinientos mil. Curtius estima una fuerza de trescientos mil. Considerando el tamaño del campo donde finalmente tuvo lugar la batalla, si pensamos de manera razonable podemos calcular que debían ser unos cien mil soldados. El ejército de Alejandro, debilitado por el número de bajas que les había causado la fiebre de verano y mermado por las fuerzas de guardia que habían dejado en las bases, debía componerse, al menos aparentemente, de menos de treinta mil hombres.

Avanzando sigilosamente a lo largo del sinuoso Éufrates, el avance de los persas debía parecerse más a una migración que a un ejército en marcha. Algunos miembros de la familia real y miles de mujeres acompañaban a las tropas en su avance. Darío viajaba con gran boato; incluso hizo que el tesoro real viajara con él, al menos al principio.

A principios de octubre, Alejandro y sus macedonios marcharon primero hacia el sur y después hacia el este en busca de los persas. Demostrando su valentía, Alejandro buscó a Darío en las llanuras. Esto fue un error, aunque comprensible porque parecía lógico que Darío eligiera luchar en las tierras llanas donde su enorme cuerpo de caballería podía envolver con facilidad al bastante menor cuerpo de los macedonios.

No hay duda de que, con considerable disgusto, Alejandro se dio cuenta de que Darío, en un inesperado movimiento, había cambiado las llanuras por las colinas. Ahora el ejército persa estaba situado detrás del de Alejandro, cortándole el camino hacia su base y, consiguientemente, hacia sus suministros y sus refuerzos. Aislando de esta forma a su adversario, Darío había demostrado su sabiduría estratégica pero, al mismo tiempo, había sido tonto por elegir luchar en terreno montañoso.

Cuando se dieron cuenta de que les habían bloqueado la retirada, los experimentados macedonios temblaron de pánico. Alejandro reaccionó con rapidez y les hizo dar la vuelta sobre sus talones. Corrieron de vuelta hacia las colinas y llegaron al estrecho campo de Issos, cerca de Alexandreta, cerca de la frontera actual entre Turquía y Siria. Allí comprometieron a los persas en un frente de batalla que solo se extendía unos dos kilómetros desde las colinas hasta el mar Mediterráneo. Esto era muy poco espacio para que la enorme fuerza de caballería de Darío pudiera maniobrar y, en cambio, favorecía a los macedonios debido a su menor número.

Al principio de la batalla, Alejandro desplegó su ejército en el orden en que lo hacía habitualmente. Su izquierda estaba protegida por el mar, cuyas olas rompían a los pies de sus hombres; detrás de su ala derecha se erguían las colinas y en el centro se situaban sus falanges más pesadas. Después de asegurar sus flancos, comenzó un salvaje e incisivo ataque justo contra el centro de las líneas persas.

Condujo su compañía de caballería desde el ala derecha y avanzó entre el ejército persa hasta que casi alcanzó al mismo Darío. Entonces sucedió algo increíble: justo cuando la victoria parecía estar en manos de Alejandro, sus supuestamente indomables falanges del centro comenzaron a retroceder, seguramente empujadas por unas fuerzas que las superaban en número.

En este momento, Alejandro demostró una vez más su grandeza como líder militar. Detuvo su propio ataque a la izquierda y cayó sobre los mercenarios que estaban dañando a su compañía de infantería. Su ataque los alivió de la presión y se recuperaron. Si en vez de ir en su ayuda hubiera continuado su ataque e intentado alcanzar a Darío, las falanges habrían sido destruidas y la batalla se habría perdido de manera inevitable.

Entre tanto, el rumor de que Darío había huido se extendió por las filas persas, pero esto parecía improbable ya que tenía reputación de hombre valiente y, aunque los macedonios tenían una ventaja momentánea, en realidad la batalla estaba todavía a su favor. Pero, a medida que el rumor continuaba extendiéndose, la confusión y el pánico atenazó a las fuerzas persas que comenzaron a retroceder desmoralizadas. Entonces fue cuando Darío emprendió la huída y todos los componentes de su ejército que pudieron escaparon detrás de él hacia las montañas. Alejandro salió victorioso una vez más.

5

Por tierra y por mar

Darío se salvó de ser capturado porque en el momento de su huida la noche caía sobre las colinas. Alejandro, que a pesar de sus heridas continuaba liderando al ejército, por fin pudo regresar al campo de batalla. Allí encontró que sus hombres, que habían estado saqueando el campo persa, habían reservado la tienda de campaña de Darío para él. Según Plutarco, estaba amueblada de forma espléndida y contenía tesoros de plata y de oro. Alejandro entró y se quitó su armadura. "Vamos a quitarnos el sudor de la batalla en el baño de Darío", dijo a uno de sus compañeros. "No, ahora ya es el de Alejandro", replicó este. Entonces Alejandro observó las tuberías y los lavabos, los cántaros y los cofres (todos hechos en oro) y olió las fragantes esencias de extraños ungüentos y dijo a sus seguidores: "En esto, parece, consiste la realeza".

Durante la cena de esa noche fue informado de que entre los prisioneros persas capturados después de la batalla se hallaban la madre de Darío, Sisigambis, su esposa, Statira y sus dos hijas. Alejandro les envió noticias de que Darío no estaba muerto y promesas de que serían tratadas con justicia y cordialidad.

La cifra de bajas de los persas en la batalla de Issos fue enorme. Las principales fuentes la sitúan en más de cien mil, sobre todo en contraste con los pocos cientos que perdió Alejandro. Sin embargo, esto parece una exageración ya que es bien conocido que al menos dos mil mercenarios griegos e innumerables soldados persas huyeron junto a Darío mientras que otros ocho mil mercenarios griegos escaparon por las montañas para, poco después tomar un barco hacia Egipto.

No mucho después de la batalla, Alejandro envió al fiel e incansable Parmenio y a una parte de su ejército a Damasco para que le dieran una idea de la talla de las propiedades de Darío. Parmenio trajo de vuelta no solo una enorme suma de dinero y grandes cantidades de objetos de valor, sino también a las esposas y a las familias de muchos persas notables que deseaban estar bajo la protección de Alejandro.

Muy pronto, Alejandro recibió una carta de Darío en donde le suplicaba que liberara a su familia a cambio de que los dos firmaran una alianza. Según nos cuenta Arriano, Alejandro respondió: "Estoy, por regalo de los dioses, en posesión de tus tierras... Ven a mí y pide a tu madre, a tu esposa y a tus hijos... Según lo que pidas, recibirás y nada te será negado. Pero de aquí en adelante, cuando te dirijas a mí hazlo como al rey de Asia... y si tú deseas disputar conmigo el derecho al reinado, ven y lucha en el campo de batalla por él, pero no huyas, porque estés donde estés, trataré de luchar contra ti". La aceptación de la oferta de amistad de Darío podría tomarse como que Alejandro lo estaba considerando como su igual y para Alejandro esa idea era tan inconcebible como una rendición total.

Después de esta victoria en Issos, Alejandro reveló a los suyos sus planes de invadir Egipto. Posiblemente, tal y como algunos historiadores creen, esta había sido su intención desde el principio. Estas fuentes mantienen que el rechazo de Alejandro a marchar hacia el este para llegar al corazón del imperio persa significaba que no tenía intención de conquistarlo. Pero olvidan que él era, sobre todo, el general de su ejército, y un general está mucho más preocupado por lo que tiene detrás de él y a su alrededor que por lo que se extiende delante. El periplo asiático de Alejandro tenía un objetivo que era el de asegurar fuertemente sus bases y el de proteger sus flancos. Obviamente, no podía siquiera considerar la idea de entrar en Persia central hasta que tuviera bases firmes en Egipto.

Y antes de poder llevar a cabo la invasión de Egipto, debía capturar Tiro. Esta ciudad, situada en el Líbano actual, era entonces la más poderosa ciudadela del Mediterráneo oriental y la última base naval que le quedaba a la flota persa. Cuando Alejandro estaba preparando el asedio en enero del año 332, llamó a sus generales más íntimos y, según las crónicas de Arriano, se dirigió a ellos de este modo:

"Amigos y aliados, la expedición a Egipto no será muy segura para nosotros ya que los persas conservan el poder sobre el mar. Pero existen también otras razones, particularmente el estado de las cosas en Grecia, para continuar la persecución de Darío, ya que dejaríamos atrás

La familia de Darío ante Alejandro (1570), cuadro en que
Paolo Caliari, el Veronés, representó el momento
en que la esposa, la madre y los hijos de Darío
eran llevados a la presencia de Alejandro.

esta ciudad de Tiro, que es de dudosa lealtad, y
Egipto y Chipre ocupados por los persas. Temo
que si lleváramos a nuestros hombres a Babilonia en busca de Darío, los persas podrían recon-
quistar la costa e incluso llevar la guerra hasta
Grecia con un ejército aún mayor...".

Con su discurso, pretendía asegurarles que
con la conquista de Egipto terminaría toda la
preocupación sobre la seguridad de Grecia y permitiría a los macedonios "llevar a cabo la expedición a Babilonia con seguridad". La toma de
Egipto también significaba que controlarían todos los puertos persas a lo largo de la costa de
Fenicia.

En el tiempo de Alejandro, el control del
mar dependía del control del mayor número de
puertos que fuera posible. Esto era debido a la
fragilidad de los barcos de guerra de la época
que eran galeras veloces y ligeras propulsadas
mediante remos. Cuando hacía mal tiempo, las

galeras eran difíciles de dirigir; por ello sus tripulaciones preferían estar cerca de tierra, sin perder de vista algún puerto seguro donde pudieran reparar sus barcos y acumular provisiones. Una galera no podía transportar a las tropas muy lejos y su principal misión en el combate era chocar contra los barcos enemigos, lo que no dejaba de ser una forma de suicidio.

Alejandro dejó de usar estos barcos cuando se dio cuenta de que no podrían derrotar a la flota persa que era superior. Hasta ese momento había estado dando "portazos" virtuales en la cara de la flota persa cerrándole la entrada a sus bases y a sus puertos. Aunque podía llegar al mar, no podía quedarse en él para siempre. Sus acciones habían sido altamente efectivas neutralizando los barcos de guerra persas. Si ahora podía hacerse con Tiro, solo quedarían libres los puertos de Egipto y Chipre.

Tiro, que había sido construida por los fenicios, se componía de dos ciudades. Una de ellas se situaba en tierra firme; la otra se desplegaba detrás de un muro de más de cuatro metros y medio de altura en una inexpugnable y rocosa isla a menos de un kilómetro de la costa. Desde su fundación, algo antes del siglo XIV a.C., el fuerte de la isla había soportado innumerables ataques y asedios. Ni siquiera se rindió ante el sitio del rey Nabucodonosor en el siglo VI, que duró treinta años.

Alejandro tomó el Tiro de tierra firme con facilidad y después encargó a su ingeniero jefe, Diades de Tesalia, que supervisara la construcción de una pasarela encima del medio kilómetro que había de mar hasta la isla. La pasarela, que debía tener seis metros de profundidad constituyó una extraordinaria hazaña de la ingeniería para su tiempo y una innovación en la estrategia de la guerra.

Tiro fue demolido y sus escombros se utilizaron para la construcción. Mientras tanto, se traían troncos de los bosques de Líbano y se abrieron canteras en las colinas para proporcionar piedras para la fabulosa calzada de Diades. La mayoría de las tropas, junto con los habitantes más fuertes de las áreas circundantes, se dedicaron a esta labor y se dice que incluso el mismo Alejandro llegó a acarrear piedras a su espalda.

A medida que la construcción de la pasarela avanzaba, los tiranos navegaban fuera del fuerte y disparaban flechas a los trabajadores desde sus galeras. Para mantener a dichas galeras a una distancia prudente, se construyeron dos enormes torres de madera que se transportaron hasta la cabeza de la pasarela. En los lugares más bajos, las catapultas lanzaban misiles contra las galeras tiranas que se acercaban en línea y desde la cima de las torres, que eran tan altas como los muros de la ciudad, se arrojaban proyectiles dirigidos a los soldados que estaban a cargo de la defensa de la misma.

Una noche, escondidos en la oscuridad, los voluntariosos tiranos enviaron un barco cargado de nafta inflamable y con sus cubiertas repletas de azufre y de restos de madera hacia la inacabada pasarela. Cuando la nave se encontraba cerca de las torres, la tripulación la prendió para a continuación lanzarse al agua. Avivadas por el viento, las llamas envolvieron las torres y las destruyeron.

En absoluto intimidado por lo ocurrido, Alejandro ordenó la construcción de dos nuevas torres y peinó desesperadamente los puertos mediterráneos en busca de galeras que protegieran la construcción de la pasarela de los ataques. Solo consiguió reunir veintitrés pero una vez más le favoreció la suerte, como fue habitual a lo largo de su vida. Una flota de ochenta barcos de guerra fenicios entró en escena; sus tripulaciones habían decidido ponerse al mando de Alejandro. Poco después, cerca de ciento veinte barcos más, provenientes de nuevos aliados, se unieron a su causa.

Pero los ingeniosos tiranos eran infatigables y ampliaron sus murallas para que fueran más altas y más anchas. Continuaron asaltando la pasarela y navegando en sus barcos para atacar a los escuadrones de la flota de Alejandro. Mejoraron sus catapultas con las cuales lanzaban un nuevo proyectil (arena al rojo vivo calentada en enormes calderos) que cegaba y quemaba a los macedonios. Después, cuando la pasarela estaba acercándose mucho a las murallas de Tiro, los defensores arrojaban redes de pesca y afilados anzuelos y, de forma muy hábil, raptaban a los quejosos macedonios a los que torturaban en lo alto del muro, bien a la vista de sus compañeros que no podían ayudarlos.

Cuando el invierno ya había pasado y se estaba acercando el verano, Alejandro se debía estar cuestionando si su pasarela era una buena idea. El acoso de los tiranos se había intensificado hasta convertirse en un horror diario y en más de una ocasión el laborioso trabajo de varias semanas se perdió en una tormenta de una sola noche de duración. Pero el trabajo continuó hasta que la pasarela estuvo terminada. Entonces Alejandro preparó su maquinaria de asedio y sus arietes y, debajo de un granizo de arena y de plo-

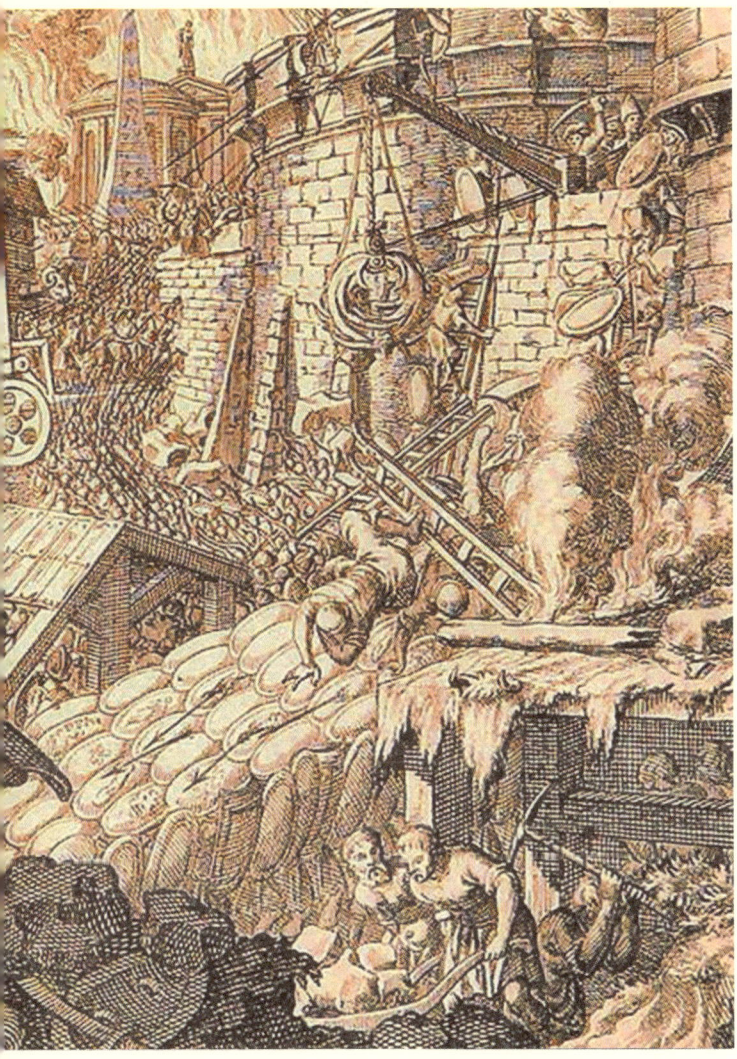

Tiro asediada y capturada por
Alejandro Magno (dibujo de 1696).

mo derretido, los dirigió contra el muro de Tiro. Pero pronto sus peores temores se hicieron realidad. Aunque los arietes golpeaban con una enorme fuerza, el muro había sido tan reforzado que los grandes arietes con cabezas metálicas resultaron tan poco efectivos como un hombre golpeando con su puño. El costoso trabajo de meses había resultado inútil.

Alejandro estaba desilusionado pero se negaba testarudamente a reconocer la derrota. Subió a sus barcos algunos de los arietes y probó por toda la circunferencia de la isla hasta que pudo abrir una brecha en el muro. Pero los tiranos resistían fieramente cualquier intento de enviar tropas a través de la brecha.

Frustrado una vez más, Alejandro decidió planear un asalto general desde tres flancos de la isla. Escuadrones de galeras, armados con catapultas y cargados de arqueros, se unieron a los barcos cargados con los arietes para conseguir un efecto de pinza sobre el fuerte de la isla. Cuando se hubo abierto una gran sección del muro, los barcos equipados con puentes de embarque atracaron en la isla y las tropas tomaron al asalto la ciudad.

Ocho mil tiranos fueron masacrados en el combate que siguió. Otros dos mil fueron obligados a echarse al mar y murieron ahogados. El resto, unos treinta mil que incluían a las mujeres y a los niños fueron vendidos como esclavos. Incapaz de olvidar las crueldades que habían inflingido a los constructores de la pasarela, Alejandro juró no mostrar la más mínima compasión por los defensores. Ordenó la destrucción de la isla, exceptuando los templos y los edificios que eran indispensables para su base naval ya que tenía la determinación de que la ciudad

Acción naval durante el sitio de Tiro,
por Andre Castaigne.

nunca pudiera volver a levantarse contra él. Sin embargo, mucho después de su muerte, los descendientes de los tiranos fueron levantando poco a poco los escombros y construyeron una ciudad que más tarde volvería a ser próspera.

Tiro había caído en julio del año 332, después de un asedio de siete meses. Ahora Alejandro poseía la supremacía de todo el Mediterráneo oriental. Debido a ello y perdido el temor por la seguridad de sus bases, ya podía concentrarse por completo en misiones de tierra adentro y en la conquista de Egipto.

6

Alejandro, el dios

Al amanecer y dejando a la ruinosa Tiro a su espalda, Alejandro marchó hacia el sur por la calzada de la costa, probablemente sin esperar más resistencia en su camino hasta que llegara a Egipto. Llegó a Gaza después de haber recorrido doscientos cincuenta kilómetros y ordenó que la ciudad se rindiera de inmediato. Para su sorpresa —y para su disgusto—, el gobernador persa de Gaza no se rindió.

Gaza era una poderosa fortaleza situada en la frontera del desierto egipcio y estaba apartada del Mediterráneo por su situación en un alto y empinado montículo. Batis, el gobernador, creía que podría soportar el ataque de Alejandro hasta que fuera reforzado por tropas provenientes de Egipto o por el nuevo ejército que se suponía que Darío estaba formando en algún lugar del este.

Batis tenía una buena razón para sentirse confiado, ya que Gaza parecía inexpugnable;

incluso los ingenieros de Alejandro lo pensaban. Una enorme muralla la protegía por todos lados y el monte sobre el que se erigía la ciudad era tan alto que resultaba imposible arrastrar la maquinaria de asedio hasta la muralla. Pero todas estas dificultades que rozaban lo imposible convencieron a Alejandro de que debía hacerse. Según los escritos de Arriano, se sintió impulsado a tomar Gaza porque "el milagro que significaba lograrlo infundiría pánico en sus enemigos, mientras que si no lo lograba afectaría a su prestigio y animaría a los griegos y a Darío". Por otra parte, Alejandro no podía dejar Gaza bajo el control persa, ya que estaba dentro de su línea de comunicación.

Así, junto con su ingeniero jefe, Diades, Alejandro concibió un ingenioso plan. Construiría una rampa alrededor de la ciudad que le permitiría alzar sus máquinas de asedio hasta las murallas de la misma. Esto significaba que, una vez más, sus soldados deberían realizar funciones de obreros. El único material del que disponían era el suelo y la arena del desierto. Pero estos devotos y obedientes guerreros, los mismos hombres que habían llevado a cabo la construcción de la pasarela de Tiro, consiguieron completar una rampa factible en un periodo de tiempo increíblemente corto y la coronaron con una enorme pasarela en su parte más alta. Los hombres subieron las catapultas y arietes por la rampa y las colocaron en la plataforma y después lanzaron un ataque masivo. Pero el muro resistió. Entonces Alejandro comenzó a remover la tierra de debajo de las murallas para debilitar sus cimientos.

Después de repetidos ataques, por fin comenzaron a caer algunas secciones del muro, pero los tenaces habitantes de Gaza repelían a sus invasores. Finalmente, los hombres de la falange macedonia utilizaron escalas para llegar a la ciudad y la batalla cuerpo a cuerpo que tuvo lugar entonces entre los escombros de las antes inexpugnables murallas fue tal que ni uno de los defensores escapó con vida.

Batis, aunque gravemente herido, continuó la resistencia y la lucha hasta que se debilitó debido a la pérdida de sangre y cayó en los brazos de sus enemigos. Mientras los soldados macedonios saqueaban la ciudad caída, Alejandro ató al inconsciente Batis a un carro y lo arrastró a lo largo de toda la muralla de Gaza. Ninguno que intente entender el carácter de Alejandro puede ignorar esta escena en la que el joven y vengativo conquistador, urgiendo a sus caballos a correr más y más rápido, descargaba su furia contra el hombre moribundo que había osado oponerle resistencia.

Pocas semanas después de la caída de Gaza, Jerusalén se rindió de forma pacífica. En noviembre del año 332, Alejandro condujo a su ejército hacia el sur de Gaza y en solo siete días sus tropas cruzaron los doscientos kilómetros de distancia que había entre el desierto del Sinaí y Pelusia, una ciudadela en el Mediterráneo que protegía el camino occidental hacia Egipto. La maquinaria de asalto de Alejandro, enviada por mar, llegó en avanzadilla y este fue el signo que indicaba que planeaba atacar el antiguo fuerte. Pero la suerte corrida por Tiro y por Gaza había debilitado la resistencia de las autoridades persas. Rindieron Pelusia a la primera y en unos pocos días también le entregaron Egipto a Alejandro, ofreciéndole todo el oro que había en sus arcas.

La rápida capitulación del enorme y rico Egipto sorprendió a los macedonios. Habían pasado cerca de mil años desde que Egipto había sido la nación más poderosa del mundo y, desde la llegada de Darío, Egipto solo había constituido una pequeña parte (el límite suroeste) del imperio persa. La mayoría de los egipcios odiaban a los sátrapas persas y por ello vieron en Alejandro no un conquistador sino un liberador, el campeón de los oprimidos.

Egipto y Grecia habían disfrutado de un cercano vínculo durante muchos años. Egipto había demostrado ser rentable para los comerciantes griegos que se establecieron allí en el temprano siglo VIII a.C. Mientras que los comerciantes griegos expandían sus intereses, los filósofos llegaban también desde Grecia para estudiar en las escuelas egipcias y los soldados mercenarios servían a los gobiernos egipcios. Al final, la exportación de las ideas egipcias llegó a ser más importante que la de los cereales. En el momento en que Alejandro marchó sobre Egipto como rey de Macedonia y capitán general de Grecia, los egipcios y los griegos sentían que existía un fuerte lazo espiritual entre ellos.

Alejandro había mostrado un respeto total por las costumbres religiosas locales en todas sus conquistas asiáticas. Cuando llegó a Egipto reconoció a los dioses egipcios como suyos propios y sus agentes, llegando en avanzadilla antes que su ejército triunfal, extendieron la historia que Olimpia siempre había mantenido como verdadera, que Alejandro era hijo de Zeus-Amón. Este era el más importante dios egipcio, cuya mítica casa se hallaba en el oasis de Siwa, en el desierto profundo.

Los grandes reyes persas habían reclamado durante siglos el título de faraón por sus derechos de conquista, pero Alejandro los sobrepasó con creces en este asunto. Él pidió ser faraón por derecho divino, ya que defendía ser hijo de Zeus-Amón. Esta era la oportunidad para la que su madre le había preparado desde su infancia. Y, como en cada oportunidad que se presentaba ante él, capitalizó todos sus esfuerzos en aprovecharla.

La reacción en Egipto ante la asunción de Alejandro de la divinidad fue buena. Incluso el sacerdote más poderoso se mostraba encantado una vez que se aseguró de que mantendría su cargo. Y la enorme comunidad griega de Egipto, que estaba deseando incrementar el comercio con su patria de origen, estaba igualmente contenta de que el nuevo gobernante fuera macedonio. Entre los sacerdotes y los griegos consiguieron que la opinión pública fuera totalmente favorable a Alejandro en el país.

Desde Pelusia, Alejandro y su ejército tomaron el camino del desierto que llegaba hasta el valle del Nilo, cerca del lugar donde se ubica El Cairo actual. Allí les esperaban sus barcos, a los que había ordenado subir el cauce del río. Embarcaron y cruzaron el Nilo hasta Menfis, la antigua capital de Egipto, donde recibieron una entusiasta bienvenida.

Después de realizar el preceptivo sacrificio en honor a Apis, el buey sagrado de Menfis, Alejandro navegó a lo largo de la bifurcación occidental del Nilo hacia la costa mediterránea. Allí, en una amplia franja de tierra que había entre una laguna y el mar, se propuso construir un nuevo puerto que se llamaría Alejandría. Quizás la idea fue suya o quizás se la sugirieron los comerciantes griegos que anticiparon el gran incremento del comercio entre Egipto y las demás áreas del creciente imperio. Desde la destrucción de Tiro, se hizo necesaria la creación de un centro comercial para el Mediterráneo oriental, una ciudad que pudiera servir como vínculo cultural y administrativo entre el este y el oeste.

Aunque Alejandro fundó al menos diecinueve ciudades en el curso de sus viajes, ninguna sobrepasó la grandeza del puerto egipcio de Alejandría. Él mismo realizó el diseño de la ciudad. Agachado sobre el suelo negro sobre el que la ciudad sería construida, Alejandro utilizó harina para trazar un plano semicircular. Los detalles del plano los desarrollaría después Dinócrates, el arquitecto macedonio que había construido el nuevo templo de Artemis en Éfeso. Como hombre imaginativo, Dinocrates había encantado a Alejandro con la propuesta de excavar dieciocho kilómetros del monte Athos en Macedonia, de manera que el agua del mar llenara el hueco y Alejandro pudiera tener a la ciudad en un lado y una laguna en el otro. En realidad, Dinocrates nunca tuvo oportunidad de llevar a cabo este proyecto, pero puso toda su brillante imaginación en el desarrollo de los planos para la nueva ciudad portuaria.

Alejandría debía contener un ágora, un forum, una universidad, un teatro, una biblioteca, un gimnasio, cortes de justicia y un templo en honor de Poseidón, dios del mar. La ciudad tenía que estar protegida por murallas y sus calles, a diferencia de las serpenteantes callejuelas de otras ciudades de la época, debían correr paralelas y formando solo ángulos rectos hacia una vía principal, formando manzanas. Aunque con un todavía primitivo concepto de colonia macedonia, Alejandría se concibió como un enorme centro cosmopolita que contenía barrios egipcios, griegos y fenicios.

Alejandro, dejando el lugar donde debía construirse la ciudad, viajó unos trescientos kilómetros hacia el oeste a lo largo de la costa del desierto hacia el pueblo de Paretono. Allí se encontró con los embajadores de Cirena, la vieja y poderosa colonia griega que dominaba a las tribus libias del oeste de Egipto. Los embajadores, presentándole regalos tan valiosos como trescientos caballos y una corona de oro, le ofrecieron sus vastos territorios a Alejandro. Ahora, él dominaba toda la parte oriental del Mediterráneo y también todo el camino hacia el estado de Cartago.

En este punto, uno esperaría que Alejandro hubiera vuelto de nuevo al este, para continuar la búsqueda de Darío, pero en vez de eso, se dirigió hacia el sur, cruzando los trescientos kilómetros del ventoso desierto de Libia hasta el oasis de Siwa para consultar al oráculo de Zeus-Amón. En lo concerniente a los griegos, este oráculo era casi tan importante como el de Apolo de Delfos.

Muchos de sus biógrafos piensan que debida a la fuerte y duradera influencia de su madre, Alejandro había interiorizado la creencia de que realmente era un dios. Mantienen que, desde el momento en que llegó a África, su principal propósito había sido el de visitar el oráculo de Siwa y comprobar su inmortalidad. Pero probablemente esto no fue así. Es totalmente comprensible que, estando a tan corta distancia de uno de los oráculos más famosos del mundo, Alejandro sucumbiera a su naturaleza supersticiosa y lo visitara. Además, también tenía un

Templo del Oráculo (o de Amon) en el oasis de Siwa. Siwa es una ciudad en el oeste de Egipto, localizado cerca de un oasis homónimo, entre la Depresión de Qattara y el Mar de Arena egipcio, en el Desierto de Libia, al este de la frontera con Libia, y a 560 km de El Cairo.

motivo militar: si realizaba este camino, probaría por fin que el enorme desierto existía realmente y que podía servir a su propósito de convertirse en una frontera natural y protectora.

Sus consejeros insistieron en que la marcha hasta Siwa sería peligrosa. Si él y sus hombres agotaban sus reservas de agua, experimentarían una gran sed durante muchos días. Y si los sorprendía una tormenta de aire mientras cruzaban el desierto, podrían quedar enterrados por la arena. Pero no consiguieron convencer a Alejandro de abandonar su misión. Plutarco señala que Alejandro había desarrollado una fuerte pasión por alcanzar retos cada vez más difíciles: "como no le era suficiente salir victorioso en el campo de batalla, debía doblegar también a las estaciones y a la naturaleza".

Tanto la naturaleza como el tiempo se rindieron ante él en este viaje o quizás, como sugiere Plutarco, los dioses fueron extremadamente benignos. En primer lugar, llovió mucho lo cual acabó con el miedo a la falta de agua e hizo que la arena se pusiera húmeda y firme, por lo que se podía caminar sobre ella con mayor facilidad; en segundo lugar, cuando los hombres se perdían: "eran llevados de nuevo al camino correcto por algunos cuervos, que volaban delante de ellos para guiarlos y les esperaban cuando se retrasaban".

Alejandro llegó finalmente al santuario y, según la crónica de Arriano, "observó el lugar maravillado". El alto sacerdote se adelantó y le recibió como el hijo de Amón, lo que no era demasiado extraordinario puesto que ya se había convertido, después de todo, en faraón y para los egipcios todos los faraones eran hijos del dios rey. Inmediatamente Alejandro preguntó si todos los que habían participado en el asesinato de su padre habían sido castigados. En respuesta, el oráculo le aconsejó que hablara con más respeto, pues ningún mortal podía matar a su verdadero padre, que era Amón.

Poco después de su visita al oráculo, Alejandro comenzó a vestir los dos cuernos que se identificaban con Zeus-Amón. Los unió a su cabeza con una banda que se ponía alrededor de manera que parecía que crecían directamente de su rubio cabello, justo sobre las orejas. De forma tan fuerte impresionó a los egipcios que durante siglos ha sido recordado como "el de los dos cuernos".

Cuanto más asumía las prerrogativas de dios, más fuerte se hacía su posición respecto a los egipcios. Pero si era bueno para él aparecer como un dios ante sus nuevos súbditos, no lo era en absoluto hacerlo ante los macedonios. Sus vestimentas de dios molestaban a sus paisanos. Incluso su amigo íntimo Filotas, que era hijo de Parmenio y capitán del ejército, estaba consternado. En una carta citada por Curtius, Filotas felicita a Alejandro por su entrada cn las filas de los dioses y añade irónicamente que tenga compasión por aquellos hombres cuyos reyes eran simples humanos. Hechos posteriores revelarían que Alejandro nunca perdonaría esta afirmación de Filotas.

Alejandro no insistió en ser tratado como un dios pero no le hacía ascos al tratamiento si alguien lo usaba. Ser un dios para algunos y un mortal para otros no era fácil ni práctico y se convirtió en un agudo problema psicológico así como en un dilema político que tenía que manejar con cuidado. Cuando Alejandro comenzó a considerarse un dios, olvidó que en realidad era solo un hombre.

7

La persecución de Darío

Cuando Alejandro volvió de capturar Menfis, estableció un nuevo gobierno, tomando buen cuidado de mantener a los oficiales egipcios en todos los puestos clave. Esta táctica era parte de su propio plan para la administración de los pueblos conquistados, pero no debía sentar muy bien a sus macedonios quienes pensaban que se merecían la oportunidad de gobernar.

Un mensaje le llegó a Alejandro de que Darío estaba reuniendo un ejército de un millón de hombres para luchar contra él. El informe era exagerado y Alejandro debió darse cuenta pero, aún así, inmediatamente comenzó a montar un ejército él también. En la primavera de 331, después de organizar una fuerza de ocupación para que permaneciera en Egipto, partió al encuentro de los persas.

Moviéndose hacia el norte por la costa mediterránea, giró tierra adentro hasta Tiro y marchó a través de la actual Siria hasta el Éufrates.

Como le habían llegado rumores de que el ejército de Darío estaba en el este, en el valle del Tigris, recorrió casi quinientos kilómetros más y finalmente alcanzó el río al norte del actual Irak. A finales de septiembre, el ejército se encontraba marchando hacia el sur por la orilla oriental del Tigris, llevando a cabo pequeñas escaramuzas con escuadrones de caballería persas que se encontraban realizando labores de vigilancia. Darío había establecido su base en Gaugamela, cerca de la ciudad de Arbela. Determinado a no repetir el error de Issos de elegir un campo de batalla demasiado estrecho, había despejado un área amplia y la había nivelado como para un desfile, de manera que sus caballeros tuvieran un extenso espacio en el que maniobrar.

Cuando estaban a once kilómetros de Gaugamela, Alejandro dejó que su ejército descansara de nuevo, esta vez en una posición bien guarnecida. Podemos imaginar lo que pasaba por la cabeza de las mujeres de la familia de Darío cuando esperaban en el campo macedonio. También debían haber sufrido mucho con esta larga marcha. En ese momento sabían que si Alejandro era derrotado en la batalla, probablemente fueran asesinadas a manos de los macedonios que quedaran. Y si eran los persas los vencidos, al que matarían, probablemente, sería a Darío. La reina Statira ya había muerto de cansancio y preocupación.

La crónica de Plutarco narra que una de las sirvientas personales de Statira había conseguido escapar y llegar al campamento de Darío, informando al rey de su muerte. El apenado Darío sospechaba que Alejandro podía haber tomado a su esposa como amante, pero la sirvienta le aseguró que no lo había hecho, alabando la bondad y cortesía que Alejandro había mostrado con la familia real. Puede asegurarse que Alejandro estaba dispuesto a ofrecer una cortesía similar al mismo Darío, pero solo si el Gran Rey se le acercaba personalmente para rendirse y suplicar la amnistía. Si actuaba de otra forma, el joven conquistador estaba determinado a destruir a Darío y a masacrar por completo a todas las tropas de combate persas.

Arriano nos informa de que el ejército de Alejandro se componía en este momento de cuarenta mil unidades de infantería y de siete mil de caballería. El de Darío era probablemente tres o cuatro veces mayor. Consistía en una enorme horda que incluía bactrianos, indios, persas, partos, medos, árabes y sirios. Entre ellos, situados junto a la caballería y las columnas de elefantes, había un escuadrón de doscientos carros de cuatro caballos a cuyas ruedas se habían atado cuchillos muy afilados. Estos vehículos estaban diseñados para actuar contra una fila compacta de soldados y funcionaba como una máquina de matar en movimiento.

La noche antes de la batalla, Alejandro la dedicó a reconocer el campo de Gaugamela. Acompañado de sus generales, observó los fuegos y antorchas del enorme campamento persa, que se extendía por toda la llanura. Los sonidos que llegaban desde allí eran "como el distante rugido del vasto océano", cuenta Plutarco.

Los generales más viejos de Alejandro, sobrepasados ante el mero pensamiento de enfrentarse a la multitud de soldados que Darío había conseguido reunir, sugirieron a Alejandro que atacara de noche. Él contestó acalorado: "No robaré la victoria", ya que no deseaba que ninguna cosa oscureciera la gran demostración de valentía y supremacía táctica que conseguiría si era capaz de derrotar a los persas. Además, sabía que las batallas que tenían lugar de noche casi nunca eran decisivas y él pretendía que esta batalla lo fuera para establecerle finalmente como el señor de Asia. En una elocuente arenga a sus hombres les dijo que esta constituiría su última gran conquista. Después, como solía hacer antes de cualquier compromiso importante, llevó a cabo misteriosos ritos junto con su astrólogo jefe, Aristander; "sacrificios al dios Miedo", describía Plutarco.

Cuando salió de su tienda en la mañana de la batalla crucial, Alejandro vestía un abrigo ajustado y un protector de pecho de lino fuertemente tejido que había tomado en Issos. Su yelmo coronado de plumas blancas estaba tan brillantemente pulido que relucía como la plata y vestía un collar de piedras preciosas. Su espada colgaba de un elaborado cinturón, regalo de los habitantes de Rodas.

Bucéfalo, su caballo, se estaba haciendo mayor. Por ello, cuando se preparaba para la batalla, organizando sus tropas y dándoles órdenes, Alejandro apartó a Bucéfalo y utilizó otro caballo. Pero, narra Plutarco, "cuando tenía que luchar realmente, enviaba a por él y tan pronto como montaba comenzaba el ataque".

Gaugamela, también llamada Arbela, fue la más espectacular batalla que Alejandro luchó en su vida. Siguió su tradicional costumbre de tomar la iniciativa, pero sus tácticas fueron diferentes a aquellas que había usado en Issos y Gránico. En primer lugar, se dirigió hacia la parte más a la derecha de los flancos persas para que sus carros se movieran hacia un suelo poco firme y no pudieran avanzar. Darío trató de controlar esta acción con su caballería y después envió a sus carros al ataque. Pero los hábilidosos arqueros de Alejandro derribaron a los conducto- res de los carros; la infantería abrió caminos para dejar que los precipitados carros avanzaran y su carga terminara en derrota. Después, Alejandro puso en marcha su plan de batalla, que consistía en destrozar el ala derecha de los persas antes de que intentara atacar a su propia ala derecha, más débil y que estaba comandada por Parmenio. Al mismo tiempo, Alejandro no olvidaba que el principal objetivo era el centro de los persas, donde estaba Darío protegido por un regimiento de guardias.

Cuando Alejandro obligó al flanco derecho de los persas a dispersarse y la confusión se apoderó de estos, encontró de repente la abertura que había estado buscando, una profunda brecha entre la derecha y el centro del enemigo. Con las afiladas lanzas de las falanges de la infantería pesada como ayuda, él y sus compañeros carga- ron aprovechando la brecha y fueron a estre- llarse contra los guardias de Darío por la reta- guardia.

En el combate cuerpo a cuerpo que siguió, Darío, de pie en su carro, se encontró a poca distancia del mismo Alejandro. El Gran Rey le arrojó su lanza a la cabeza, pero falló y entonces, según cuenta Arriano, "cuando la caballería macedonia, liderada por el propio Alejandro, aumentó la presión con fuerza, lanzándose con- tra los persas y golpeando sus cabezas con sus lanzas, y cuando la falange macedonia en un denso ataque armados con largos picos también se precipitó sobre ellos, el estado de Darío, que hasta ese momento había sido solo de miedo, pasó a ser de un profundo pánico". Bajando de

Alejandro Magno combatiendo a lomos de
su caballo Bucéfalo. Detalle de La Batalla de Gaugamela,
relieve labrado en marfil en el siglo XVIII, inspirado en una
pintura de Charles Le Brun sobre el mismo tema.

Otra parte del relieve anterior sobre la Batalla de Gaugamela, donde se puede apreciar a Darío III huyendo.

su carro, Darío montó en un caballo y huyó del campo de batalla hacia Arbela. Sus tropas del centro, descorazonadas con su escapada, comenzaron a disgregarse.

Alejandro estaba pensando en perseguir a Darío cuando le llegó un mensajero con una desesperada petición de ayuda por parte de Parmenio. El ala izquierda de los macedonios, que ahora constituía la retaguardia de Alejandro y su seguro para la victoria, había sido derrotada y estaban a punto de aniquilarla por completo. Alejandro estaba furioso por tener que dejar la persecución pero rápidamente envió un cuerpo de soldados en ayuda de Parmenio. En el encuentro final de la batalla, Hefestión estaba herido y dieciséis de los compañeros de Alejandro estaban muertos. Entonces, la resistencia persa se rompió ante la enorme presión del asalto de Alejandro al tiempo que se extendía la noticia de la huída de Darío y el ejército persa al completo se rindió.

En ese momento Alejandro retomó la persecución de Darío. Cabalgó la mitad de la noche sin parar hasta que llegó a Arbela. Pero la encontró desierta; el Gran Rey se había desvanecido una vez más.

Casualmente, Alejandro se enteró de que dos mil mercenarios griegos, acompañados por jinetes persas y bactrianos y de remanentes de otras unidades, habían escapado con Darío a través de la calzada de Ecbatana a Media. Como no podía alcanzarlos, Alejandro se dio la vuelta, finalizando la persecución. Se decía que nunca llegó a perdonar a Parmenio por haberle pedido ayuda en Gaugamela, ya que fue la causa de que no pudiera capturar al Gran Rey. Aunque parece que la petición de Parmenio estaba completamente justificada. En su ansia de destruir a Darío, Alejandro había permitido una brecha en sus propias líneas. Si el ala izquierda de Parmenio hubiera sido derrotada, el final de la batalla nunca hubiera sido definitivo.

Pero constituyó una decisiva victoria para Alejandro. Aunque Darío había escapado con vida, su ejército había sido fragmentado, por lo que no lo podría utilizar de nuevo. No disponemos de las cifras exactas de la batalla, pero lo más significativo de Gaugamela fue que en este campo de batalla la fuerza militar del imperio persa fue finalmente destruida.

Desde Arbela, Alejandro marchó con su ejército durante casi trescientos kilómetros hasta llegar a Babilonia. Si había esperado resistencia de los babilonios, probablemente se sintió sorprendido ya que estos salieron de la ciudad para recibirlo con incienso y guirnaldas de flores. Al igual que los egipcios, los babilonios no les profesaban ningún amor a los persas y, por ello, Alejandro, su liberador, pudo entrar triunfante en Babilonia.

Los duros macedonios del ejército estuvieron contentos de ser recibidos con tanta alegría pero se mostraron contrariados cuando Alejandro no les permitió saquear la ciudad. Sin embargo, no estaban sin recompensa. Alejandro poseía ahora muchas de las riquezas del Gran Rey y podía pagar a sus hombres con generosidad. Curtius señala que con ese dinero "los soldados se sumergieron en todos los vicios de esta malvada ciudad".

No hay anotaciones sobre si Alejandro compartía la disipada vida de sus soldados excepto su aparente tendencia a beber cada vez más. Como era su costumbre después de los sacrifi-

Entrada de Alejandro en Babilonia (1664),
de Charles Le Brun. Alejandro, aunque esperó resistencia
de los babilonios, probablemente se sintió sorprendido
cuando salieron de la ciudad para recibirlo con
incienso y guirnaldas de flores.

cios de cada campaña, se ocupaba en sus sacrificios religiosos. Babilonia significaba un nuevo dios tanto como una nueva conquista para él. Bel, o Marduk, era el dios rey de Babilonia y Alejandro, rodeándose de sacerdotes y de magos, lo adoraba con enorme entusiasmo. En palabras de Arriano: "cualquier cosa que le decían que constituía un rito religioso, él la llevaba a cabo".

Tan políticamente astuto como sus rezos a los dioses babilonios fue su reunión con el virrey persa que gobernaba toda Babilonia. Le dio su puesto nada más ni nada menos que a Mazaeus, el general que había estado a punto de derrotar al ala izquierda de Parmenio en la batalla de Gaugamela. El acuerdo debió gustar mucho a los babilonios pero probablemente incrementó el malestar de los soldados macedonios. Ellos no sabían como Alejandro que solo la fuerza no era suficiente para someter a los países que él intentaba reunir en una única potencia mundial.

Alejandro solo permaneció un mes en Babilonia, ya que quería continuar la tarea de destruir a Darío y de absorber el resto del imperio persa. Además, en ese tiempo comenzaba a forjar un sueño que nunca había sido ni siquiera considerado por un occidental: la conquista de India.

Desde Babilonia recorrió trescientos cincuenta kilómetros con su ejército hasta Susa, otra de las capitales de Darío. Al igual que en Babilonia, los conquistadores fueron recibidos con calidez y Alejandro mantuvo al sátrapa persa como gobernante.

Aunque él mismo tenía un poder ilimitado, no se demoraba en ofrecer una parte de autoridad e independencia a los pueblos conquistados. Pero si parecía benigno como conquistador, también parecía divertirse disfrutando de sus prerrogativas reales. Curtius y Diodoro cuentan una historia sobre Alejandro en Susa que probablemente podemos considerar característica de él. Cuando se sentó en el trono de Darío, que era extraordinariamente alto, se dio cuenta de que sus pies no tocaban el suelo y pidió una mesa donde poder reposar los pies. Cuando puso las sandalias sobre ella, un esclavo de Darío comenzó a llorar. Atónito, Alejandro le preguntó qué le ocurría y el esclavo le explicó entre lágrimas que no podía ver cómo alguien ponía los pies en la mesa en que Darío había comido. Alejandro se disculpó y dijo que ya encontraría otro reposapiés. Pero uno de sus compañeros le urgió a que no lo hiciera. Constituía un excelente presagio para él que hubiera puesto los pies precisamente en esa mesa, le explicó, ya que significaba que pronto podría pisotear al mismo Darío. Alejandro, que siempre creía en los presagios, olvidó la pena del esclavo persa y ordenó a sus amigos que volvieran a situar la mesa bajo sus pies.

En Susa, una tremenda fortuna de oro y plata pasó a las manos de Alejandro. Como era su costumbre, distribuyó la mayor parte entre sus tropas y envió regalos extravagantes a muchas partes de su creciente imperio, manteniendo una pequeña parte para él. Aquí también aseguró a la familia real persa que sus viajes habían terminado y acomodó a la reina madre Sisisgambis en un espléndido palacio junto con su nieta, que se llamaba Statira como su madre.

A principios de diciembre del año 331, Alejandro volvió a ponerse en marcha junto a su ejército para ir hacia Persépolis, la capital principal de Persia, que estaba a seiscientos kilómetros dirección sudeste. Era un viaje arriesgado porque la ruta pasaba por una escarpada cadena montañosa cubierta con la profunda nieve invernal. La marcha fue tan cruel como innecesaria ya que no servía a ningún propósito militar de utilidad. Alejandro, reverenciado como un dios y casi en la cima de su fama, parecía estar perdiendo el respeto por la vida, tanto por la suya como por la de sus hombres.

Alejandro realizó una parada justo antes de la última cadena montañosa que flanqueaba el camino hacia Persépolis y envió a Parmenio delante junto con los equipajes y las tropas que estaban guarnecidas con armamentos más pesados. Después, acompañado por los macedonios más valerosos, asaltó una fortaleza persa que se levantaba en un paso montañoso llamado Las Puertas Persas. En una amarga lucha a temperaturas por debajo de cero, los macedonios destrozaron a las fuerzas enemigas que protegían el paso y marcharon rápidamente para salir de las montañas.

Reuniéndose con Parmenio, Alejandro entró en Persépolis antes de que el enorme tesoro persa pudiera ser escondido. Dijo a sus hombres que podían saquear toda la ciudad excepto el palacio, con el que había planeado quedarse. Después de esto, tuvo lugar uno de los episodios más bárbaros de la historia. Nunca en su vida aparece Alejandro tan envilecido como en Persépolis. Según sus órdenes, cientos de ciudadanos fueron capturados y masacrados. Los únicos persas que escaparon a tal sangría fueron los que se arrojaron desde las murallas de la ciudad o cometieron suicidio de alguna otra forma. La matanza y el saqueo se prolongaron de forma incontrolada durante varios días.

Parmenio, que siempre había sido un consejero de la moderación, suplicó a Alejandro que terminara con aquel reino del terror. Con esa forma de destruir la ciudad, le dijo, lo único que estaba demostrando era que deseaba vengarse y no mantener la posesión de Persia. La influencia de Parmenio en las decisiones de Alejandro ya no era la misma y fueron las mismas tropas las que se cansaron de su propia bestialidad. Alejandro estableció su corte en el magnífico palacio de Darío, que era famoso en todo Oriente por sus preciosos jardines y sus espléndidos salones construidos en madera de cedro.

Los macedonios se transformaron cuando comenzaron a disfrutar del expolio de Persépolis. La riqueza que manejaban era asombrosa. En carta a su madre, Alejandro le contaba que ni cinco mil camellos y veinte mil mulas podrían transportar la cantidad de oro, plata y de ricos enseres que habían encontrado en la capital y repartido entre ellos. Plutarco cuenta que Olimpia le contestó con una dura misiva en la que le prevenía de que fuera moderado en dar recompensa y honores a aquellos que le servían. "Hasta ahora los has hecho iguales que reyes, les has dado poder y la oportunidad de tener sus propios amigos, pero corres el peligro de que se vuelvan contra ti". Alejandro continuó enviándole regalos —y escribiéndole fielmente—, pero rechazó la idea de negarles a sus hombres una parte del botín.

Los generales y oficiales jefes de Alejandro se habían convertido en una pequeña aristocracia que no echaba de menos en absoluto el árido y montañoso suelo macedonio. Cuando se unieron a Alejandro en su gran aventura, lo hicieron buscando los expolios de las guerras pero nunca imaginaron un lujo tal como el que encontraron en Persia. Esto los superó y muchos de ellos hicieron cosas tontas. Uno de estos hombres envió una caravana de camellos hasta Egipto para que le trajeran unos polvos especiales que prevenían la transpiración cuando estaba combatiendo. Otro insistió en que hasta los clavos de sus botas fueran de plata pura. Y el hijo de Parmenio, Filotas, ordenó que se tejieran grandes redes —de veinte kilómetros de largo— simplemente para que sus ojeadores pudieran facilitar la caza. Su modo de vida era tan excesivo que incluso sus ostentosos compatriotas estaban escandalizados.

Alejandro, aunque se mostraba realmente pródigo con sus amigos, continuaba llevando una vida relativamente sencilla. Aparentemente, su único vicio era el vino. Por las noches, podía beber vino hasta el aturdimiento y entonces pronunciaba ampulosos discursos y los acompañaba con gestos grandilocuentes. Pero pronto se aburrió de la vida en Persépolis. Cuando supo que Darío estaba intentando reunir otro ejército en Ecbatana, a quinientas millas al noroeste, trazó sus planes para ir contra el Gran Rey una vez más.

Antes de partir, ofreció un gran banquete para sus amigos y oficiales y para sus esposas. Según lo describe Plutarco, el banquete se convirtió en una lucha. Cuando estalló el alboroto, Thais, que se había convertido en la amante de Tolomeo, el general de Alejandro, se levantó y pronunció un discurso. Dijo que prenderle fuego al palacio persa sería un estupendo ejercicio y serviría como relajación para las fatigas que estaba a punto de enfrentar el ejército. Esta acción, declaró, sería lo que mejor vengaría los sufrimientos infligidos por los persas a los griegos, más que cualquier batalla ya fuera esta en el mar o en la tierra.

Su petición fue recibida con vítores y aplausos. Todos excepto Parmenio gritaron su aprobación. Alejandro se mostró encantado. Con él liderándolos y vistiendo una guirnalda de flores en su cabeza, los soldados y sus mujeres tomaron antorchas y bailaron por los salones del palacio, tocando tambores y flautas a medida que iban encendiendo fuegos. Las llamas prendieron los pilares de cedro y envolvieron los tapices y pronto la mayor parte del palacio estaba ardiendo. Por la mañana, solo quedaban las ruinas.

Plutarco, Curtius y Diodoro creen que la quema del palacio fue el resultado de un exceso de alcohol, pero Arriano discrepa. Este último mantiene que fue un acto deliberado, que Alejandro aprobó como si fuera un asunto político que intentaba simbolizar ante el mundo la degradación final del imperio persa.

Después de pasar el invierno en Persépolis, Alejandro y sus hombres partieron dc nuevo en busca de Darío. Llegaron a Ecbatana en la primavera de 330 y encontraron que el monarca persa y algunos miles de sus soldados habían partido ya, dirigiéndose ahora hacia la provincia de Bactria, que estaba dirigida por un gobernante persa llamado Bessus. En Rhagae, cerca de la actual Teherán, Alejandro tuvo noticias de que Bessus había encarcelado a Darío y se había declarado a sí mismo como el nuevo Gran Rey.

Ahora, buscando a su nuevo enemigo, Alejandro dirigió su marcha hacia el noreste. Incluso sus mejores tropas comenzaron a quedarse en el camino cuando se acercaban a lo que hoy en día es la frontera con Rusia. Los hombres que

quedaban estaban muy cerca de abandonar, abatidos por el cansancio y la sed. Hubieran muerto
allí si Alejandro no los hubiera espoleado con
otra dosis de su increíble resistencia y abnega-
ción.

Según nos cuenta Plutarco, algunos macedonios se separaron de las filas con la determinación de encontrar agua para darles de beber a
los niños que viajaban junto a ellos. Después de
una larga y penosa búsqueda, tuvieron éxito en
su empeño y retornaron alegres al campamento.
Allí, encontraron a Alejandro prácticamente
desmayado de sed y, llenando un yelmo de agua,
le ofrecieron a él el agua. Plutarco narra cómo
Alejandro "tomó el yelmo en sus manos y miró a
su alrededor observando cómo aquellos que le
acompañaban giraban la cabeza y miraban ansio-
sos el recipiente con el agua". Devolvió el yelmo
sin haber probado ni una gota. "Si solo yo sacio
mi sed, los demás se sentirán descorazonados".
Tan pronto tuvieron noticia de su magnanimidad
y de su templanza todos comenzaron a alabarle
para que volviera a guiarles con su valentía al
tiempo que comenzaron a subir a sus caballos.
Una vez más, dando ejemplo a sus hombres, se
había ganado su confianza y prendido de nuevo
en ellos la llama de su entusiasmo. Los macedonios retornaron a la marcha.

En algún punto sin identificar del desierto
que se extiende al sur del mar Caspio encontraron a Darío, pero no parecía haber ninguna señal
de Bessus. Antes de su huída, Bessus y algunos
de sus hombres habían apuñalado al Gran Rey
con sus lanzas y lo habían arrojado dentro de un
carro. Uno de los generales encontró a Darío
casi muerto y le dio un poco de agua. Plutarco
narra que Darío suplicó la piedad de Alejandro

para su familia y que murió antes de que el propio Alejandro llegara al lugar donde se encontraba. Alejandro expresó una gran pena por la forma en que Darío había encontrado su fin y le cubrió con su propia capa púrpura.

El cuerpo de Darío fue enviado de vuelta a Persépolis donde recibió un espléndido funeral y fue colocado en una tumba real al lado del resto de los antiguos monarcas persas. Ahora que Darío estaba muerto, Alejandro pasaba a convertirse en el Gran Rey por derecho propio. Pero Bessus continuó reclamando el título para él y, además, continuaba libre, sin castigo, cuando llegó a Bactria, que estaba a miles de kilómetros de distancia. No habría paz en Persia ni en el corazón de Alejandro hasta que hubiera capturado a Bessus y hubiera acabado con toda la resistencia a su gobierno.

8

El nuevo Gran Rey

Los macedonios comenzaban a estar cansados de la guerra. Habían estado lejos de casa durante cuatro años y medio y habían recorrido más de once mil kilómetros. Habían librado innumerables batallas y escaramuzas, soportado todas las privaciones concebibles, se habían hecho ricos y comenzaban a echar de menos su hogar cuando se les pidió que comenzaran la marcha de nuevo, esta vez más lejos de casa de lo que nunca habían estado.

El ejército había cambiado considerablemente desde el día en que salieron de Pela, incluso las columnas. Cuando ahora se ponían en marcha, parecían una caravana, una colonia de emigrantes, y sus campamentos no parecían bases militares sino un asentamiento descontrolado de colonos. Incluso se hacía complicado localizar a los soldados entre los tenderos, vinateros, sacerdotes, esclavos, actores, músicos, esposas y niños que acompañaban a la expedición.

Cuando las tropas dejaron Pela, su confianza en Alejandro era prácticamente ilimitada, pero en este momento acumulaban una gran cantidad de quejas para el conquistador de veintiséis años de edad. Sus hombres se habían dado cuenta de que nunca estaría contento cuando alcanzara un objetivo si automáticamente no tenía otro en vistas. No podían siquiera imaginar cuáles eran sus próximos planes. Y también cuestionaban sus acciones, ya que habían comenzado a sentirse más persas que macedonios; incluso vestían ropas persas en ocasiones. ¿Habían comenzado a sucumbir a la perfumada intoxicación de la vida en Asia? ¿Se estaban convirtiendo en un potentado oriental? Los macedonios, acostumbrados a resolver sus conflictos con la violencia y con inmediatez, hablaban entre ellos y criticaban. Pero de momento continuaban siguiendo a su líder.

Alejandro estaba al tanto de las murmuraciones, pero intentó ignorarlas con todas sus fuerzas. Cuando no lo conseguía se dedicaba a alabar a sus hombres y a adularlos o los sobornaba con regalos y promesas de saqueos. Estaba completamente convencido de que su destino era superar a cualquiera que se le opusiera y no le importaba mucho si esa oposición provenía de los nuevos pueblos conquistados o de sus propios hombres.

Ahora más que nunca necesitaba el apoyo incondicional de su ejército para la tarea que estaba a punto de emprender que era la de conseguir la rendición de aquellos seguidores de Darío que todavía estaban en su contra. También tendría que someter a las tribus rebeldes que siempre habían rechazado la autoridad de Darío y ahora rechazaban la de Alejandro. Debajo de un sol de justicia y azotados por fuertes vientos, Alejandro y sus soldados comenzaron a desplazarse de nuevo a través de desoladas montañas y enormes desiertos con el propósito de asegurar las fronteras nororientales de su imperio de forma tan metódica como lo había hecho con las del suroeste en Egipto.

Después de permitir a su ejército un largo descanso en Zadrakarta, cerca de la orilla sureste del mar Caspio, emprendió una marcha de novecientos kilómetros por la parte norte de la actual Irán. Su propósito era conseguir la sumisión de todos los sátrapas de Darío y castigar con la muerte a todos aquellos que habían traicionado a Darío para aliarse con Bessus. Evidentemente, no consideró que estuviera mal defender al hombre que hasta ese momento había sido su mortal enemigo. Reconocía que por haberse convertido en el vengador y protector de la familia real había adquirido el derecho a la sucesión, mientras Bessus era solo un aspirante al trono.

Quizás en este momento fue cuando Alejandro comenzó a considerarse el Gran Rey del imperio persa. De hecho, reverenciaba este título más que cualquier otro que hubiera conseguido hasta el momento, pero no podría llegar a conseguirlo solo y sabía con certeza que no podría gobernar el imperio sin ayuda. Sin embargo, no confió en sus seguidores macedonios para ello; ni siquiera el más leal entre ellos poseía su completa confianza. Valoraba su indomable espíritu en la batalla pero sabía con certeza que podían llegar a ser muy irresponsables en tiempos de paz. Y ahora el creciente descontento que le mostraban comenzaba a molestarle. ¿No era él, después de todo, el Gran Rey?

Las dudas de Alejandro sobre la lealtad de algunos de sus hombres se expresaron de forma dramática a finales del año 330, cuando el ejército llegó a Drangiana, una provincia situada en el oeste del actual Afganistán. Allí, el descontento de los macedonios con la duración de la campaña se concretó en un aparente complot contra la vida de Alejandro.

El hijo de Parmenio, Filotas, conoció el complot pero, por razones que se desconocen, no informó de él a Alejandro. Cuando tuvo conocimiento de ello, Alejandro dedujo que Filotas era uno de los traidores y lo arrestó. Los macedonios se quedaron atónitos cuando Alejandro los reunió y les anunció, lleno de emoción, el arresto de su viejo amigo cuyo padre estaba dirigiendo la guardia en Ecbatana. Les presentó una carta en la que dijo que se encontraba la evidencia de la participación de Filotas y después le acusó diciendo que había estado afirmando que el mérito de todas las victorias de Alejandro era solo suyo y de su padre y, por último, mencionó que se había burlado de él cuando había sido reconocido como un dios.

Filotas habló elocuentemente en su propia defensa e insistió en que nunca dio crédito a que existiera un complot contra Alejandro y que aquello que había oído, y de lo que no había informado, había considerado que solo era la charla de unos borrachos. Aparentemente, Filotas convenció a la mayoría de su auditorio de que no había caso contra él pero esa noche fue torturado mientras Alejandro escuchaba detrás de una cortina. Por fin, después de ser azotado con látigos y quemado con carbones al rojo vivo, gritó una confesión en la que implicaba a su propio padre y a unos cuantos soldados macedonios.

Cuando Filotas fue conducido ante las tropas a la mañana siguiente y obligado a repetir su confesión, sus compañeros lo apedrearon y golpearon con sus jabalinas hasta la muerte. Después, acordaron que los soldados implicados también eran culpables y procedieron a ejecutarlos.

De forma inmediata, Alejandro envío a un oficial llamado Polidamas para matar a Parmenio. Polidamas viajó en camello y completó el viaje de mil quinientos kilómetros hasta Ecbatana en solo once días. Polidamas encontró a Parmenio en su jardín y le dijo que le traía una carta de Alejandro; cuando Parmenio tomó el pergamino, Polidamas se apresuró a clavarle su espada en el corazón. Le cortó la cabeza y se la llevó a Alejandro como prueba de que el anciano estaba realmente muerto.

Esta horrible crónica es un ejemplo típico de lo que en aquel tiempo se llamaba hacer justicia, un ritual que iba desde la sospecha y el arresto hasta un juicio en el que solo se utilizaban evidencias circunstanciales, seguido por una confesión arrancada mediante la tortura para finalizar en una ejecución. La ejecución de Parmenio puede parecer un vil asesinato, pero las viejas leyes macedonias decretaban que los parientes de los conspiradores contra el trono debían morir también.

Es difícil creer que un hombre del carácter de Parmenio participara en un complot contra la vida de su líder. Hasta donde sabemos él no poseía más ambición que la de servir a su país y había sido siempre profundamente leal, incluso cuando pensaba que Alejandro había ido demasiado lejos emulando las costumbres persas. Lo más probable es que Filotas implicara a su padre presa de la desesperación, cuando no veía otra forma de acabar con la horrible tortura a la que estaba siendo sometido.

Alejandro pudo haberse dado cuenta de esto y no seguir la ley para el caso de Parmenio, ya que debía una buena parte de su éxito a la sabiduría y buenos consejos de su general. Pero también sabía que Parmenio se convertiría en su acérrimo enemigo en cuanto tuviera noticias de cómo había muerto su hijo. Alejandro tampoco podía correr el riesgo de traer a Parmenio para someterlo a un juicio debido a que el general contaba con el apoyo incondicional de muchos miembros del ejército que, con toda seguridad, tomarían partido a su favor. Además, seguramente pensó que si hacía que se cumpliera la ley precisamente con Parmenio, acabaría con cualquier oposición que hubiera hacia él entre sus filas.

La purga de los traidores no terminó con las disensiones dentro de las filas macedonias, pero sí consiguió que muchos de los hasta entonces amigos de Alejandro comenzaran a mirarlo con temor. Sin embargo, todos ellos le siguieron cuando volvió a emprender la marcha hacia el norte en busca de Bessus.

En la primavera de 329, con su acostumbrada impaciencia, Alejandro decidió prepararse para cruzar la cadena montañosa india Kush, antes de que la nieve se hubiera derretido por completo. Sus hombres sufrieron lo indecible y muchos de ellos murieron congelados antes de completar la travesía y de ver los valles.

Más allá del río Oxus, Alejandro se enteró de que Bessus, igual que le había sucedido a Darío, había sido encarcelado por uno de sus oficiales jefes. La caballería macedonia se encontró finalmente con Bessus en un pequeño valle donde había sido abandonado. Alejandro reaccionó con una crueldad gratuita cuando llevaron a Bessus a su presencia. El antiguo virrey persa fue desnudado y azotado hasta que se encontraba al borde de la muerte. Después, se le envió a la capital bactriana de Zariaspa, donde le cortaron la nariz y las orejas y, finalmente, le llevaron a Ecbatana, donde fue sentenciado a muerte después de un simulacro de juicio. Le ataron las manos y los pies a unas ramas flexibles de forma que, cuando las soltaron, el cuerpo de Bessus se partió por la mitad.

Después Alejandro anunció su intención de marchar todavía más lejos hacia el norte, hasta los borrosos límites de su imperio. Inmediatamente, las unidades de caballería que habían servido al mando de Parmenio se rebelaron y Alejandro se vio obligado a enviarlas de vuelta a casa. Por un momento consideró la posibilidad de dar por terminado su viaje allí, ya que en tan remoto lugar no podía rellenar sus mermadas filas con reemplazados griegos o macedonios. Pero enseguida se le ocurrió la idea de reclutar a un cuerpo de soldados persas como refuerzo. Eran bárbaros y se resistía a confiar en ellos, pero el irresistible deseo de continuar le obligó a hacerlo, sin importarle lo extraordinario de su acción. En realidad, las tropas persas eran muy valiosas para Alejandro ya que estaban muy bien entrenadas para los ataques por sorpresa y para la guerra de guerrillas que esperaba a Alejandro en las montañas de Bactria.

Desde el río Oxus, Alejandro recorrió más de cinco mil kilómetros hasta Maracanda que ahora es la actual Samarcanda, situada en Uzbekistán. Después, continuó otros trescientos kiló-

El castigo de Bessus, de Andre Castaigne.
Alejandro reaccionó con crueldad cuando llevaron a Bessus
a su presencia. El antiguo virrey persa fue desnudado y
azotado hasta que se encontró al borde de la muerte.

metros hacia el noreste hasta el río Syr Darya que entonces tenía el nombre de Jaxartes. Este río marcaba la frontera nororiental del imperio persa y Alejandro debía pensar que el río era parte del enorme océano que entonces se pensaba que rodeaba la tierra. Se sorprendió enormemente cuando llegaron a él emisarios de las regiones norteñas, donde se pensaba que solo había agua. Cada uno de estos emisarios le pidió que se convirtiera en su aliado en sus guerras contra pueblos de los que nunca había oído hablar.

Pero Alejandro ya tenía suficientes problemas con sus propias empresas como para adoptar los de estos extranjeros. Algunas veces debió pensar que sus nuevos dominios solo constituían un imperio por llamarse como tal, ya que los fieros pueblos de las fronteras nororientales lo rechazaron de forma amarga, tal y como habían hecho con otros señores que quisieron imponérseles, ya fuera Darío o cualquier otro conquistador. Su espíritu rebelde era como un fuego incontrolable: cuando Alejandro lograba pacificar un lugar, la revuelta estallaba en cualquier otro.

A través de las desoladas tierras y áridas llanuras de las actuales Afganistán, Uzbekistán y Turkmenistán, Alejandro marchaba y marchaba y su ejército se bañaba en la sangre de los pueblos rebeldes. El método de Alejandro de aplacar las insurrecciones resultaba brutal y no tan efectivo como él hubiera deseado. Cuando un virrey lo traicionaba, arrasaba docenas de sus ciudades, matando a los hombres y vendiendo como esclavos a las mujeres y a los niños. Después, repoblaba las ciudades con colonos que traía de regiones vecinas con la esperanza de estar haciendo nuevos aliados.

En el otoño en 328, Alejandro nombró a su viejo amigo Clito virrey de Bactria y Sogdiana. Clito era el hombre que había salvado la vida a Alejandro en la batalla de Gránico. Desde la muerte de Filotas, había compartido con Hefestión el mando de los oficiales. Alejandro organizó un banquete en honor a Clito con ocasión de su nuevo nombramiento pero la fiesta se convirtió rápidamente en una escena de tragedia y de violencia.

Todos los macedonios, como era su costumbre, se emborracharon hasta el límite. Clito escuchó que se mencionaba el nombre de Parmenio y entendió que Alejandro estaba ridiculizando los logros del asesinado general. Clito había sido el principal lugarteniente de Filotas y permanecía completamente leal a la memoria tanto de él como de su padre. Muy enfadado, comenzó a echarle en cara a Alejandro sus maneras de persa, su pretensión de ser un dios y, según nos cuenta Plutarco, le reprochó el hecho de que hubiera repudiado a su padre e ignorado el hecho de que "la causa de que hubiera llegado tan lejos era su sangre macedonia".

Alejandro, tan borracho como Clito e incapaz de reprimir su enfado, cogió una espada de uno de los soldados y se la clavó a su viejo amigo justo en el corazón. El arrepentimiento de Alejandro fue inmediato y tan grande, sigue contando Plutarco, que intentó clavarse la misma espada en su propio pecho y lo hubiera hecho "si los guardias no le hubieran sujetado sus manos y llevado a la fuerza hasta su cámara donde pasó llorando amargamente toda esa noche y el día siguiente completo".

En este momento, Alejandro moldeó otro patrón de conducta. Para liberar las tensiones diarias de liderar las batallas buscó el alivio de beber hasta la extenuación y cuanto más bebía más pretencioso se volvía. Rechazaba cualquier crítica cuando estaba sobrio y respondía a ellas con violencia cuando estaba borracho. Normalmente sentía terribles remordimientos de su comportamiento violento, pero no le duraban lo suficiente como para no volver a comportarse igual.

Después del asesinato de Clito, sus oficiales le enviaron al jefe de sus filósofos para que le consolara. Este era un hombre austero llamado Calistenes, sobrino de Aristóteles. Utilizó "un lenguaje moral", según las crónicas de Plutarco, "y suaves y educadas maneras" pero Alejandro no quiso escucharle. Después de él, se acercó Anaxarco, que le gritó bruscamente desde el momento en que entró: "¿Es este el Alejandro del que todo el mundo está pendiente, el que está tumbado llorando como un esclavo de miedo a la censura y al reproche de los demás?". Se mofó del dolor de Alejandro e insistió en que un rey nunca se equivocaba y que Alejandro se había comportado con justicia y de acuerdo con la voluntad de los dioses. Le dijo que probablemente hubiera hecho enfadar al dios del vino, Dionisio, cuando había destruido Tebas, su principal lugar de culto, y concluyó que la venganza de Dionisio era la culpa que sentía por la muerte de Clito. Alejandro decidió entonces realizar elaborados sacrificios a este dios e intentar olvidar por completo el desafortunado incidente.

Calistenes y Anaxarco tuvieron otras ocasiones para enfrentarse en sus opiniones sobre las acciones de Alejandro. Los dos hombres disfrutaban de una posición de preeminencia dentro del séquito de Alejandro, pero eran completamente distintos el uno del otro. Calistenes era un hombre ético y duro, educado en la fría lógica de Aristóteles. Anaxarco era un adulador astuto que buscaba constantemente conseguir el favor de su soberano. Halagó inmensamente a Alejandro asegurándole que estaba en su derecho al demandar la obediencia de todos a la manera de los persas, ante lo que Calistenes argumentaba que los griegos y los macedonios no deberían arrodillarse delante del rey ni inclinar su frente hacia el suelo.

No es necesario decir que el punto de vista de Calistenes era muy popular entre los macedonios a los que les molestaba la nueva idea de Alejandro de obligar a los viejos amigos a realizar tal homenaje. Cuando se descubrió otra presunta trama de los soldados macedonios para matar a Alejandro, uno de ellos pronunció una amarga y apasionada arenga contra el Gran Rey. Proclamó que había tomado su inspiración de Calistenes, al cual llamó el defensor de la libertad griega.

Aunque Calistenes no tenía ni idea de dicha trama, la afirmación de este soldado supuso su fin. El hecho de que estuviera emparentado con Aristóteles no templó la ira de Alejandro que recientemente había desarrollado cierta antipatía por su viejo tutor. Las crónicas de Arriano cuentan que Calistenes fue torturado y ahorcado, pero otras fuentes indican que Alejandro lo hizo prisionero y que murió por alguna enfermedad mientras estaba esperando su juicio.

Alejandro, con su forma de manejar a sus duros opositores y de obligar a todo el mundo en su corte a la más fiera obediencia, estaba actuando justo como un verdadero tirano oriental. Parece que este papel le divertía y al mismo tiempo pensaba que era esencial para él conservar los poderes del Gran Rey. ¿Cómo podía demandar por derecho la obediencia de los pueblos orientales si excusaba a los occidentales de esta práctica?

A principios del año 327, cuando completó sus planes de invadir India, Alejandro se encontraba exasperado porque no era capaz de sofocar la rebelión de un príncipe de la provincia de Sogdiana. Este príncipe era Oxiartes y llevaba a cabo su estrategia defensiva desde un fuerte situado en una montaña a la que llamaban la Roca Sogdiana. Alejandro no perdió ni un minuto en dirigirse hacia el norte cruzando el Oxus y, llevando a cabo la extraordinaria hazaña de escalar la roca, comenzar el asedio al fuerte enemigo. En una de las primeras acciones de la campaña, capturó a la hija de Oxiartes, Roxana, a la que describen las autoridades históricas como la mujer más bella del imperio. Poco después Oxiartes se rindió y, sin duda, tuvo que asombrarse por lo bien que Alejandro le trató y debió quedarse directamente atónito cuando conoció la noticia de que Alejandro deseaba casarse con su hija.

Es muy posible que Alejandro se enamorara profundamente de Roxana pero, si realmente fue así, es curioso que los historiadores no vuelvan a mencionarla hasta cuatro años después de que tuviera lugar el matrimonio. Desafortunadamente para el romance, no hay ninguna pista que nos indique que Alejandro se preocupara alguna vez de otra mujer que no fuera Olimpia, su madre. Quizás su matrimonio solo fue una unión política que permitió a Alejandro poner a su suegro al cargo de las problemáticas provincias bactriana y sogdiana. En cualquier caso, por fin, con la administración de Oxiartes la paz se impuso en la frontera nororiental.

Ahora Alejandro se encaminó de nuevo hacia el sol naciente, llevando a cabo su plan de avanzar junto al río Indo que, en teoría, era la frontera más oriental de su imperio. Antes de comenzar la nueva campaña, recibió la visita del gobernante de Taxila, que se encontraba entre los ríos Indo e Hidaspes en la actual Pakistán. Este gobernante, que se llamaba a sí mismo Taxiles, le pidió a Alejandro que le ayudara en la guerra contra el rey Poro que dirigía un territorio que se encontraba al este del Hidaspes y Alejandro aceptó. Y así comenzó la marcha hacia India.

Desde el momento en que tomó el poder en el reino de Macedonia, Alejandro había ido descubriendo que el mundo era más grande y más complejo de lo que incluso Aristóteles había imaginado. Podemos imaginar que el avance hacia oriente del joven rey no estaba motivado únicamente por el deseo de poner a sus pies a más y más naciones ni por el afán de llegar a conquistar el mundo. Es más probable que llevara a su ejército hasta India porque era un rico territorio que una vez había formado parte del imperio de Darío y solo logrando que India cayera a sus pies podría afirmar que había completado la conquista del imperio persa y asegurado su ferviente deseo de ser el Gran Rey.

9

Otro mundo que conquistar

A mediados de verano de 327, Alejandro levantó su enorme campamento, que estaba cerca de la actual Kabul, capital de Afganistán, y emprendió la marcha hacia la India. Cerca del paso de Khyber, dividió a su ejército que estaba compuesto de aproximadamente unos cuarenta mil hombres. Envió una parte del mismo a cruzar el paso bajo el liderazgo de Hefestión y el resto avanzó con él por una ruta más difícil por el norte.

El movimiento de sus tropas era lento y pronto Alejandro se dio cuenta de por qué. Su avance se retrasaba no solo por las dificultades del terreno sino también por el enorme peso del botín que transportaban con ellos. Un día al amanecer, cuando toda la mercancía estaba cargada, Alejandro prendió fuego al carro que transportaba su propio equipaje y después ordenó que los soldados hicieran lo mismo con los suyos. Sorprendentemente, muy pocos hombres protestaron esta orden. Plutarco cuenta que "los soldados, dejando aparte las armaduras y sin lamentarse, se proveyeron unos a otros de lo que era necesario y quemaron todo lo que era superfluo".

De esta forma, con su equipaje aligerado, los hombres se sentían libres y podían moverse con facilidad y emprender así el combate más difícil de toda su vida. Prácticamente a cada kilómetro que avanzaban se encontraban con ataques de fieros guerreros montañeros. No fue hasta la primavera del año 326 cuando Alejandro por fin volvió a reunirse con Hefestión y ambas fuerzas cruzaron el Indo hacia la amistosa Taxila.

Cualquier hombre al que le gustara la guerra menos que a Alejandro se hubiera sentido descorazonado en este momento. Después de haber recorrido más de quince mil kilómetros por todo el imperio, de haber perdido a la mayoría de sus amigos y de estar en conflicto con muchos otros, encontraba que cada una de sus victorias le conducía solo a nuevas batallas. Ahora, en India, se enfrentaba con hordas de tribus compuestas por hombres valerosos y muy bien organizados que rechazaban reconocerlo como Alejandro Magno, señor de Asia.

Esta resistencia no era su única preocupación, ya que la moral de veteranos griegos y macedonios comenzaba a debilitarse de nuevo. Los hombres se encontraban exhaustos; ya habían cruzado el Indo hacia un reino que tenían prohibido saquear y ahora Alejandro les proponía cruzar otro río más, el Hidaspes, antes llamado Jhelum, para enfrentarse con una fuerza mayor que todas con las que habían luchado desde la batalla de Gaugamela.

El rey Poro, que regía el territorio de detrás del Hidaspes, era un hombre enorme, el general más capaz y más valiente con el que Alejandro se hubiera enfrentado jamás. Según las fuentes, el número de sus unidades de infantería se estima que estuviera entre veinte mil y cincuenta mil hombres. Y sus cuarenta mil jinetes estaban reforzados por carros y por unos doscientos elefantes. Estos elefantes eran su mayor arma de defensa, ya que los caballos sentían pánico por estas enormes criaturas. En la batalla, Poro se protegió del durísimo ataque de los jinetes de Alejandro subiendo a la estructura que se encontraba en la espalda de uno de sus elefantes.

Con el objetivo de quitarle a Alejandro de la cabeza la idea de cruzar el Hidaspes, Poro ordenó a las tropas montadas en elefantes que patrullaran la orilla este del río cerca del vado que Alejandro pensaba utilizar. Alejandro sabía que sus caballos serían inútiles en este caso porque en el momento en que vieran los elefantes de Poro se aterrorizarían y serían inmanejables. La única forma que tenía el joven rey de conseguir que un cuerpo de sus tropas cruzara el río era utilizar el engaño y el efecto sorpresa.

Disponía de una flotilla de barcos que había traído del Indo y comenzó a realizar preparativos a la vista de todos para cruzar con ellos. Para mantener a Poro constantemente en movimiento, hizo numerosos intentos de cruzar el río por diferentes puntos. Después de un tiempo, Poro dejó de responder a estos intentos y llegó a la conclusión de que Alejandro no tenía intención de cruzar el río antes de que hubiera pasado la estación de las lluvias.

Una vez que estuvo seguro de que su engaño había tenido éxito, Alejandro eligió a un selecto grupo de cinco mil caballeros y más de seis mil hombres de la infantería y avanzó

treinta kilómetros remontando el río y aleján-
dose del fuerte. Por la noche y en unas balsas
que habían fabricado a escondidas, las tropas
cruzaron silenciosamente el río. Mientras tanto,
la parte principal del ejército de Alejandro se
ocupaba de señalar su presencia de forma
ruidosa cerca del fuerte.

Muy poco después del amanecer, le llegó la
noticia a Poro de la llegada de las tropas. Se
apresuró a enviar una gran fuerza de reconocimiento de caballería que persuadiera a Alejandro
para que diera la vuelta pero Alejandro acabó
con ellos rápidamente. Entonces, después de
dejar una pequeña fuerza de elefantes y soldados
de a pie para cubrir el fuerte, Poro reunió a la
parte principal de su ejército en un increíble
despliegue para ir al encuentro de Alejandro. En
el centro, colocó a sus elefantes separados de los
demás unos tres metros y con el grueso de la
infantería detrás de ellos. Su caballería, refor-
zada por carros conducidos por caballos, se
encontraba alineada y dividida en cada una de
las alas.

Alejandro nunca se hubiera atrevido a un
ataque fronta,l ya que sabía que su caballería
sería inefectiva contra el despliegue de elefantes
de Poro. Realmente, su única esperanza de victoria descansaba en utilizar su infantería para
aniquilar a las tropas que iban montadas en los
elefantes. Y la única manera de hacerlo era ven-
ciendo primero a la caballería india con la suya
propia.

La caballería de Alejandro era más fuerte y
superaba en número a la de Poro, pero solo
podían explotar su superioridad si conseguían
alejarla de la protección de los elefantes. Todo
dependía de que Poro respondiera precisamente

cuando Alejandro se anticipara. Nunca antes había el joven rey arriesgado tanto.

En primer lugar envió a sus arqueros montados contra la caballería del flanco izquierdo de los indios y reforzó este ataque con un fuerte ataque de sus oficiales. Entonces Poro hizo justo lo que Alejandro esperaba. Cuando observó que estaba empleando la mayor parte de su fuerza en el ala izquierda, Poro envió a su ala derecha para ayudarlos.

El éxito de Alejandro en esta batalla se debió en no poca medida a una soberbia organización así como a un cuidadoso plan. La clave fue la comunicación entre sus capitanes durante el frenético momento álgido de la batalla. Pero ellos sabían exactamente lo que debían hacer, ya que Alejandro los había aleccionado. Por ello, cuando el ala derecha de los indios avanzó sobre los elefantes y la infantería de Poro, el resto de la caballería de Alejandro entró en acción casi de forma instintiva. Bajo el mando de un general llamado Coenus, los jinetes se precipitaron contra el flanco izquierdo de los macedonios, realizando un profundo movimiento lateral y cargaron contra la caballería india en su recién expuesto lado derecho. Ahora, las dos alas de caballería de Poro debían luchar como una sola. Y ahora estaban obligados a luchar contra la caballería de Alejandro en dos frentes defensivos, y en dos direcciones diferentes. Para contrarrestar la sorprendente maniobra que había arrinconado con éxito a sus jinetes, Poro condujo a sus elefantes hacia la izquierda. Esta era, una vez más, exactamente la reacción que Alejandro esperaba. Cuando movió a sus elefantes, Poro había dejado descubierta al ala derecha de su infantería. Entonces, nada se mantuvo en pie

Alejandro Magno y Poro,
de Charles Le Brun, pintado en 1673.

cuando la infantería pesada de los macedonios realizó un ataque masivo y se precipitó hacia la posición más vulnerable con un impacto que fue como el de un trueno.

Casi a la primera, la resistencia cedió y la infantería india se replegó hacia los elefantes, según dice Arriano, "como si fueran un muro amigo en el que refugiarse". La infantería de Alejandro continuó su ataque y, de forma inevitable, se encontraron cara a cara con los elefantes indios. Sin miedo, los macedonios avanzaron e inmediatamente sus arqueros, que estaban preparados, comenzaron a derribar uno a uno a los conductores de los elefantes. Sin nadie que los guiara, las enormes bestias huyeron de los ruidosos y vociferantes macedonios que en palabras de Arriano "encaraban al enemigo emitiendo un agudo sonido intermitente".

Como sorpresa final de esta batalla tan brillantemente luchada, Alejandro preparó un

156

ataque de sus oficiales montados. De forma implacable, cargaron cruzando el campo de batalla y atacaron el corazón del ejército indio.

Enseguida las tropas indias se sumergieron en el caos. Los elefantes, sin conductor y completamente salvajes por el miedo y el dolor, los pisoteaban mientras la infantería y la caballería de Alejandro los atacaban por todos los flancos. Mientras tanto, los indios que protegían el río habían huido y el grueso del ejército de Alejandro cruzó por fin el río. Las tropas frescas se dirigieron enseguida al campo de batalla y persiguieron a los esquivos indios.

En esta batalla de ocho horas, Poro probablemente perdió doce mil hombres, mientras que las bajas de Alejandro no alcanzaron el millar. El mismo Poro, aunque herido, fue uno de los últimos que quedó luchando en el campo. Sentado en la cima de su tambaleante elefante, arrojaba lanzas a los aliados taxilos de Alejandro que le suplicaban que se rindiera. Cuando Poro finalmente pisó el suelo, debilitado por la pérdida de sangre, Alejandro galopó hasta él y, a través de un intérprete, le preguntó cómo esperaba ser tratado. Poro, irguiendo su cuerpo en toda su estatura, replicó digna y calmadamente, "como un rey".

Ninguno de sus enemigos le había plantado cara de esa forma a Alejandro, así que convirtió a Poro en su aliado y casi en su amigo y, para el disgusto de los macedonios y de los griegos, prohibió realizar cualquier saqueo en el reino de Poro. Los veteranos de Alejandro parecían estar completamente desconcertados por el comportamiento de su líder. Habían librado una gran batalla solo para encontrarse que, cuando el polvo del campo se había asentado, el derrotado enemigo permanecía en el poder y a ellos les eran negadas las riquezas que habían ganado con su valentía. ¿Qué es lo que Alejandro tiene en la cabeza?, debieron preguntarse.

La lectura de fuentes históricas sugiere que Alejandro no tenía mucho en la cabeza en ese momento excepto la urgencia por continuar la búsqueda de la gloria militar. Había avanzado tanto que las comunicaciones con el oeste eran prácticamente inexistentes. Parecía más interesado en extender su imperio que en gobernarlo. Ciertamente, le divertía desempeñar el papel de Gran Rey, pero se sentía mucho más estimulado por la guerra que por los asuntos de estado.

Así que comenzó de nuevo la marcha hacia oriente y fundó más ciudades, incluso fundó una a la que puso el nombre de su caballo, Bucéfalo, que había muerto de cansancio durante la batalla del Hidaspes. Pero estas ciudades no duraban mucho tiempo porque los hombres de Alejandro no deseaban permanecer guardándolas en una tierra extraña.

El tipo de lucha al que tenían que enfrentarse ahora era completamente desconocida para ellos. Las fiebres y las enfermedades, en vez de los guerreros armados, eran sus enemigos. Además debían soportar un terrible calor al que seguían las lluvias torrenciales. Durante setenta días, según el historiador Diodoro, los hombres caminaron trabajosamente bajo un aguacero constante. Sus ropas eran harapos, sus armaduras estaban oxidadas y sus armas estaban romas a causa del descuido y el desuso. Corría el final del verano cuando llegaron al río Hifasis, ahora llamado Beas, cuyas aguas bajan del Himalaya. Habían avanzado en zigzag durante casi mil seiscientos kilómetros desde el Indo y se encontraban a unos cuatrocientos de la actual Delhi.

Cuando las lluvias cesaron, Alejandro pudo ver los picos cubiertos de nieve del Himalaya brillando en la distancia. Probablemente pensó que aquellas montañas marcaban el fin del mundo. Sin embargo, los informes que le llegaron desde más allá del Hifasis le hicieron cambiar de idea. Más allá, según se decía, se extendían los vastos dominios de un rajá o rey que poseía un ejército de un cuarto de millón de hombres y de miles de elefantes. También tuvo noticias de que a menos de una semana de allí fluía un caudaloso río que se llamaba el Ganges.

Alejandro no fue el único que tuvo noticia de los informes que hablaban de lo que había más allá del Hifasis. Los rumores comenzaron a circular entre sus tropas —historias de enormes ejércitos de elefantes y de guerreros de extraordinaria altura y fiereza— y estos rumores, magnificados por la debilidad y por el temor a lo desconocido provocaron que la moral de los macedonios cayera. Algunos de los hombres declararon abiertamente que no andarían ni un paso más. Teniendo noticia de esto, Alejandro reunió a sus oficiales y se dirigió a ellos con estas palabras que cita Arriano:

"¿Vaciláis ante la empresa de anexionar el Hifasis y las tierras que hay más allá a vuestro imperio de Macedonia?... Yo, por mi parte, pienso que para un hombre valiente nunca tiene fin el trabajo, a no ser que encuentre su fin en el trabajo mismo. Y más cuando este se dirige a conseguir gloriosos logros. Pero si cualquiera de vosotros desea escuchar el que será el fin de esta guerra nuestra, hazle saber que la distancia que nos queda para llegar al río Ganges y al mar del

Este no escucha. Y también os diré que entonces descubriremos que el mar Hircanio [el mar Caspio] está unido con este otro porque este gran océano exterior rodea toda la tierra".

"Os probaré que el golfo de la India desemboca en el golfo Persa por un lado y en el mar Hircanio por el otro. Desde el golfo Persa nuestra fuerza de exploración navegará en dirección a Libia hasta que se encuentren con los Pilares de Heracles [el estrecho de Gibraltar]. Toda África y toda Asia nos pertenecerán y los límites de nuestro imperio solo serán los que los mismos dioses han señalado como los límites de la tierra".

Es obvio que Alejandro no estaba hablando en ese momento como un dios o como un tirano oriental que exige obediencia a sus súbditos. Una vez más se convertía en Alejandro de Macedonia, general del ejército, un buen jefe para sus hombres. Siempre, en pasados momentos de crisis había sido capaz de incitar a sus oficiales a llegar a un acuerdo mediante su elocuente y apasionada oratoria. Pero ahora, junto al río que desembocaba en aquel mar misterioso, con la luz del sol reflejándose en las distantes montañas, sus hombres permanecieron en silencio, abatidos.

"Hablad", ordenó entonces Alejandro. Pero solo le contestaron el silencio y las lágrimas derramándose por sus debilitados rostros llenos de cicatrices de guerra. Finalmente, un hombre dio un paso hacia delante, despacio y a regañadientes. Era Coenus, un veterano que había soportado la dureza de todas las batallas y que había ascendido desde la oscuridad del pelotón hasta ser general en la batalla de Hidaspes.

Podemos imaginar cómo Coenus comenzó a hablar de forma vacilante, pero gradualmente, como lo describe Arriano, sus palabras fluyeron con una elocuencia similar a la de Alejandro.

Después de hacer un recuento de todas las memorables experiencias que Alejandro y sus hombres habían compartido, Coenus gritó: "¡Vuelve, Alejandro! Vuelve a tu país natal, visita a tu madre y lleva a la tierra de tus antepasados la historia de tantas y tan grandes victorias. Después, si lo deseas, comienza una nueva y renovada expedición... ¡El autocontrol es, Alejandro, en medio de la niebla del éxito, la más noble de las virtudes!".

Los oficiales que habían afrentado a Alejandro con su silencio estallaron ahora en vítores y Alejandro, girando sobre sus talones, se introdujo en su tienda. Permaneció allí durante tres días, sin hablar con nadie. Nunca su ira fue tan grande y nunca se sintió tan solo. "Ningún hombre le acompañaría en su avance", este es el pensamiento que debía martillearle la cabeza una y otra vez dentro del tumulto de sus emociones.

Allí, junto al Hifasis, había podido sentir con claridad toda la ironía de su éxito. Probablemente reconoció que había llegado tan lejos y se había convertido en alguien tan famoso precisamente por su extraordinaria habilidad para conseguir que los demás le siguieran. Ahora, en la cima del éxito, esta habilidad parecía haber desaparecido por completo. Aunque se sentía herido y muy enfadado, Alejandro era lo suficientemente realista para darse cuenta de que no podía permitirse que su ejército desertara, ya que de ninguna manera podría continuar su camino solo.

En el tercer día de su aislamiento, llamó a su tienda a sus videntes y adivinos para conocer qué decían las profecías sobre el hecho de cruzar el Hifasis. Los adivinos eran hombres sabios y también políticos y sabían perfectamente cómo salvar las apariencias ante él. Después de llevar a cabo solemnes ritos le informaron de que los dioses no deseaban que cruzara el río.

"Muy bien", dijo Alejandro finalmente, "volveré a casa".

10

La muerte del hombre

Para marcar el punto al que había llegado en su marcha hacia la India, Alejandro hizo levantar doce altares en forma de torre, uno por cada uno de los dioses del Olimpo. Entonces, después de que sus hombres hubieran ofrecido sacrificios y realizado exhibiciones gimnásticas y de caballería, dejaron atrás el río Hifasis y los condujo hacia el sur. Los hombres habían ganado un punto, pero era Alejandro el que elegía la ruta de vuelta a casa y el camino que escogió fue extraño, indirecto y peligroso.

En noviembre de 326 ya se encontraban en el Hidaspes y dispusieron una flota de casi un millar de pequeñas embarcaciones. Embarcó a su ejército para que bajaran el cauce de este río y del río Chenab, que era su continuación. Nunca dejó de desempeñar el papel de conquistador, ni siquiera en su viaje final. Durante el asedio a una ciudad resueltamente defendida, se dirigió solo a la batalla, con la única protección de tres hombres que le acompañaban. Antes de que pudieran rescatarlo, sufrió heridas severas y durante varios días se debatió entre la vida y la muerte. En ese tiempo, se extendió por el campamento el rumor de que le habían matado y sus hombres se sintieron aterrados. Aunque todavía estaban enfadados porque los hubiera conducido tan lejos de casa, estaban seguros de que Alejandro era el único que los podía hacer regresar al hogar con seguridad.

Cuando Alejandro se enteró del rumor de su muerte, obligó a sus ayudantes a que lo llevaran hasta el río. Allí, lo colocaron en un barco que navegó por toda la orilla de manera que sus hombres pudieran comprobar que todavía estaba vivo. Las heridas no habían sido mortales pero le habían debilitado mucho y estuvieron a punto de costarle la vida.

Probablemente, hasta la primavera del año 325 a.C. Alejandro no se recuperó lo suficiente como para continuar el viaje. Continuaron bajando por el Chenab hasta encontrar la confluencia con el Indo y entonces enrumbaron hacia el sur. A pesar de su promesa de girar hacia el oeste para llegar a Persia, Alejandro tomó la decisión de navegar el Indo hasta su desembocadura. Cuando finalmente divisaron el mar de Arabia, más allá del final del río, su alegría fue prácticamente incontenible, ya que asumió que había alcanzado el límite sur del mundo habitado.

Sus hombres, sin embargo, no compartían su alegría. Por entonces era verano, había pasado casi un año desde que habían comenzado el viaje desde el Hifasis y todavía estaban realmente lejos de casa. Además, el gris y plomizo océano que para ellos representaba el fin del mundo les llenaba de miedo.

Suplicaron entonces a Alejandro que reanudaran el viaje y él estuvo de acuerdo. Pero una nueva y terrible experiencia les esperaba, una experiencia que muchos de ellos no superarían.

Alejandro ordenó que se construyera una pequeña flota y puso al mando de la misma a uno de sus hombres de confianza, un oficial llamado Nearco. Los barcos tenían que navegar por el mar de Arabia hacia el oeste hasta que Nearco divisara la línea de la costa bien del golfo persa o bien de Arabia o África. Nearco estaba ansioso por saber qué puertos, golfos, islas o asentamientos existían a lo largo de la costa y de conocer si la tierra de alrededor era fértil o yerma.

El viaje podía ser muy largo y como los barcos solo podían soportar la carga de las raciones de comida diez días y solo podían almacenar agua para cinco, los suministros de Nearco tendrían que ser rellenados con frecuencia. Para solucionar este problema, Alejandro propuso liderar un cuerpo de tropas que avanzarían por tierra siguiendo la misma ruta que tomaría Nearco. Así, a lo largo del camino podían construir almacenes y depósitos de agua para cubrir los suministros de la flota.

Después de enviar al grueso de su ejército de vuelta a Persia a través de una ruta del norte que bordeaba el desierto del sur de Pakistán, Alejandro emprendió la que sería su última gran marcha. De la fuerza de veinte mil que le acompañaban, una gran parte la formaban mujeres, niños y otros civiles que debía haber enviado con el ejército por la más segura ruta del norte. Corría el mes de septiembre del año 325 y casi desde el primer día de camino los soldados y los civiles tuvieron que sufrir unas altísimas temperaturas y la carencia de suficientes suministros de comida y bebida. Después de haber recorrido unos ciento cincuenta kilómetros por la línea de costa, la dureza del terreno les obligó a volver tierra adentro.

En el desierto sus sufrimientos se hicieron aún más agudos. Hubo largos periodos en los que viajaron sin una gota de agua que beber y cuando encontraban algo de agua, solo les llegaba para abastecer a una pequeña caravana. Los caballos y las otras bestias de carga fueron las primeras en caer. Los sedientos soldados las abrieron en canal y bebieron su sangre y, después, rabiosamente hambrientos, comenzaron a matar a los animales que todavía sobrevivían. Pronto dejaron atrás a las mujeres y a los niños y muchos de los hombres que se separaron del camino se perdieron para siempre. El antes disciplinado ejército de Alejandro estaba ahora desmembrado, asustado y terriblemente fatigado. Y a Alejandro, sufriendo sin duda tanto como ellos, debía rondarle la desesperación. Pero aun así continuó avanzando y enviando suministros a la costa de lo que les quedaba de carne seca y de grano.

De alguna forma, después de sesenta días de camino, los componentes de la marcha que quedaban llegaron a la residencia real persa de Pura. Plutarco nos cuenta que solo sobrevivió un cuarto de los que comenzaron la marcha, pero historiadores posteriores generalmente están de acuerdo en que fueron muchos menos.

Después de recuperarse en Pura, los supervivientes se desplazaron unos trescientos kilómetros hacia el oeste hasta las proximidades de la actual Bandar Abbas en la costa sur de Irán. Allí se unieron con las tropas que habían tenido un viaje relativamente tranquilo por la ruta del norte y, enseguida, para el alivio de Alejandro, también llegaron los barcos de Nearco. Todos excepto cuatro estaban intactos y la mayoría de los hombre habían sobrevivido, sin duda debido a los frecuentes toques de tierra que habían realizado para recoger los suministros, los cuales habían complementado comiendo dátiles frescos y nutritivos corazones de hojas de palmera; también algunas veces habían matado a sus camellos y se los habían comido.

A continuación, Alejandro se dirigió hacia Susa. Llegó allí en la primavera de 324 y en un buen momento, ya que el imperio no había estado funcionando muy bien en su ausencia. La corrupción estaba muy extendida y reinaba el desorden. Su viejo amigo Harpalo, que tenía el cargo de tesorero real, había gastado una fortuna en una vida disipada y después había huido hacia el oeste con toda la parte del tesoro que pudo cargar; en ese momento, estaba incitando a Demóstenes y a otros atenienses a la sublevación. En Macedonia, Olimpia había estado utilizando su poder para organizar una facción contra Antípatro y había conseguido que la estabilidad del gobierno fuera imposible. A lo largo de todo el imperio, los jefes militares habían saqueado los edificios públicos como si fueran bucaneros y los sátrapas de las provincias habían organizado sus propios ejércitos y conspirado para la sublevación. Y lo peor de todo era que los macedonios de Persia estaban a punto de amotinarse.

Alejandro reemplazó a muchos de los sátrapas persas con macedonios y trató con los disidentes de la forma que era habitual en él: una muestra de fuerza, numerosas amenazas y algunos asesinatos. A pesar de la confusión que se extendía por el imperio, continuó comportándose como el todopoderoso y dictatorial Gran Rey.

En la primavera de 324, fortaleció su posición casándose con dos mujeres a la vez. Una era Statira, la hija de Darío, que había sido capturada junto a su madre después de la batalla de Issos. La segunda esposa que tomó en la misma ceremonia fue Parisatis, hija de Artaxerxes III, que había ocupado el trono persa antes de que este fuera usurpado por Darío III. Parisatis debía estar al comienzo de su adolescencia y Statira debía rondar los veinte años. Alejandro eligió a Statira como su reina pero el matrimonio con Parisatis le permitía acabar con las viejas disputas de la familia real persa. Pensamos que todavía continuaba casado con Roxana, aunque las fuentes históricas no la mencionan de nuevo hasta después de la muerte de Alejandro.

En la gran ceremonia matrimonial de Alejandro en Susa, ochenta de sus oficiales jefes tomaron esposas provenientes de la nobleza persa, incluido Hefestión que se casó con la hermana pequeña de Statira, Dripetis. Arriano escribe: "Las bodas se celebraron a la manera persa: se dispusieron sillas en orden para las novias y, después de los brindis, entraron los novios que tomaron asiento al lado de sus prometidas; las tomaron de la mano y las besaron, siguiendo el ejemplo del rey, ya que todas las bodas se celebraron al mismo tiempo". Arriano nos informa de que más de diez mil soldados macedonios se casaron con mujeres asiáticas en aquel momento, "y Alejandro les hizo regalos de boda a todos ellos".

A pesar de los numerosos matrimonios, los macedonios estaban determinados a no asimilar la cultura persa. Rechazaban totalmente la posibilidad de imitar a Alejandro adoptando las ropas y maneras persas y se sentían resentidos porque mostraba preferencia por las costumbres persas.

Este resentimiento se convirtió en fría hostilidad cuando Alejandro envió un mensaje a todos los estados griegos excepto a Macedonia —donde el pueblo se hubiera sentido atónito ante tal insulto a la memoria de Filipo— que establecía que debía ser reconocido como el hijo de Zeus-Amón. Lo lógico es pensar que la proclamación por parte de Alejandro de su estado divino a los griegos, igual que había hecho con los egipcios, era solo una medida política dirigida a conseguir algún propósito estratégico. Como rey de Macedonia y capitán general de Grecia, Alejandro no podía intervenir directamente en la política de los estados autónomos griegos, pero como hijo de un dios podía de manera justificada extender su poder absoluto por todos los estados y satrapías de su imperio.

En aquel momento las acciones de Alejandro levantaron sospechas entre sus soldados macedonios y provocaron cierto descontento. "Alejandro no estaba intentando librarse de su ancestral parentesco macedonio", explica Tarn, "pero fue justo lo que ellos dedujeron que quería hacer". Su descontento se mostró abiertamente cuando Alejandro anunció que diez mil veteranos podían volver a su hogar de Macedonia. Esta noticia, acompañada por el obvio deseo de Alejandro de unificar las razas de su imperio, indicó a sus tropas que intentaba transferir el corazón del imperio desde Macedonia a Asia y provocó su enfado.

En principio le escucharon en silencio, mirándose de forma hosca unos a otros. Después, cuando hubo terminado, explotaron con un rugido, riéndose y mofándose de él e insistiendo en que si uno de ellos volvía a casa, todos los demás le acompañarían.

Furioso, Alejandro se precipitó entre sus hombres y ordenó a la guardia que detuvieran y ejecutaran a los que reconoció como líderes. Después, volvió a la plataforma y con un apasionado discurso les reprochó su ingratitud. De acuerdo con la traducción de Tarn, Alejandro terminó gritando: "Y ahora, ya que es lo que queréis, marchad, marchad todos y cada uno de vosotros y decid a todos en casa que habéis desertado del rey que os ha conducido a la victoria a lo largo de todo el mundo y dejadlo al cuidado de los extranjeros que ha conquistado; y no dudéis de que vuestras palabras os proporcionarán las alabanzas de los hombres y las bendiciones del cielo. ¡Fuera!".

Sus hombres permanecieron sin moverse, intimidados, y él se retiró de nuevo a sus habitaciones. Permaneció allí durante dos días, enfurruñado y sin querer ver a nadie. El tercer día, cuando sus oficiales y soldados escucharon el rumor de que estaba sustituyendo a los generales macedonios por generales persas, el pánico se apoderó de ellos. Sabían que le habían ofendido y, temiendo los efectos de su ira, se dirigieron a su presencia y le pidieron entre lágrimas que los perdonara. De acuerdo con Tarn, uno de los hombres gritó: "Has convertido a los persas en tu familia". Y Alejandro replicó: "pero a todos vosotros os considero mis hermanos". Cuando escucharon esto, los soldados estallaron en vítores y Alejandro lloró y los perdonó. Después, organizó una gran banquete de confraternización para todos: los macedonios, los persas y para representantes de todas las razas de su vasto imperio.

Otro motín había sido sofocado y esta vez el triunfador había sido Alejandro, que había conseguido imponer su voluntad sobre los hombres sin realizar ninguna concesión.

A finales del verano de 324, una tragedia personal golpeó a Alejandro: Hefestión cayó enfermo y murió en Ecbatana. Alejandro se sintió desesperado ante el dolor de la pérdida de su amigo al que había llegado a considerar su "gemelo". Su pena le duró meses. Como expresión de su aflicción, ordenó construir un enorme sepulcro para Hefestión en Babilonia.

Hay muchas pistas que nos indican que Alejandro pudo perder el deseo de vivir después de la muerte de Hefestión. Aunque se había propuesto conquistar Arabia y dirigir una expedición que rodeara África, parecía haber olvidado todos estos planes. Estaba debilitado por las heridas de guerra y resentido por las constantes marchas y parecía haber comenzado un vigoroso intento de autodestrucción. Los periodos en los que estaba bebido se hacían cada vez más largos y las orgías en las que participaba eran tan notorias que las conocía todo el mundo. Plutarco dice que en la primavera de 323 cuando Alejandro llegó a Babilonia para rendir homenaje al todavía inacabado sepulcro de Hefestión "se entregó por completo a los sacrificios y a la bebida". Una noche llegó a beber una enorme vasija que contenía más de seis litros de vino y la noche siguiente volvió a emborracharse; y la siguiente.

A principios de junio, muy poco antes de que decidiera emprender su expedición árabe, se resfrió y tuvo fiebre. Al principio no se temía por su vida pero con el agobiante calor del verano macedonio la fiebre aumentó de manera implacable y Alejandro se debilitó más y más.

Hefestión acompañó a Alejandro en su campaña asiática desde el principio, luchando en la unidad de caballería. A finales del verano de 324, cayó enfermo y murió en Ecbatana. Aquí una ilustración del año 1696, donde se observa cómo Sisigambis, esposa de Darío III, confunde a Hefestión con Alejandro.

Aunque la naturaleza de su enfermedad se desconoce, es probable que el resfriado y la fiebre presagiaran la incubación de una enfermedad como la malaria o de una infección del hígado. En el sexto día de su enfermedad, no podía mantener la coherencia para dar órdenes a sus generales y en el noveno día ya le era imposible hablar. La noticia de que su muerte estaba cerca se expandió con rapidez.

Seguro que en la cabeza de todo el mundo estaba la pregunta de qué sería del imperio si finalmente Alejandro moría. Ni siquiera los más sabios astrólogos podrían haber previsto el caos total que sobrevendría.

Los pretendientes al trono, escribiendo una nueva crónica con sangre, lucharon unos contra otros hasta que el imperio se colapsó y se dividió en cinco partes, cada una de las cuales era administrada por uno de los generales de Alejandro. Lisímaco gobernaba Tracia y Antípatro se quedaría con Grecia y Macedonia; Antígona, gobernaría Asia Menor; Seleuco, Babilonia, y Tolomeo, Egipto y Libia. Fue Tolomeo el que transportó el cuerpo de Alejandro a Egipto y lo colocó en un mausoleo en Alejandría.

Cuando los griegos se levantaron contra los macedonios, Demóstenes tuvo un último momento de gloria antes de que Antípatro tomara Atenas y le obligara a beber veneno. Aristóteles iba a morir poco después que Alejandro, también envenenándose a sí mismo o por el esfuerzo de su viaje desde Atenas.

En Asia, Roxana, celosa de la reina de Alejandro, Statira, preparó su asesinato y ella y su hijo, nacido después de la muerte de Alejandro, pasarían al cuidado de Olimpia. Luchando fuertemente contra la facción macedonia liderada por Antípatro, Olimpia y la hermana de Alejandro fueron finalmente derrotadas y asesinadas y poco después Roxana y su hijo fueron ajusticiados también.

Pero nadie podía haber adivinado todos estos tumultuosos acontecimientos cuando Alejandro yacía gravemente enfermo en Babilonia.

En el décimo día de su enfermedad, se extendió el rumor de que ya había muerto y de que su fallecimiento se estaba manteniendo en secreto. Arriano cuenta que muchos de sus hombres irrumpieron en palacio pidiendo ver a su líder. Al final se les permitió pasar al pabellón donde yacía Alejandro. "Los soldados contaron que Alejandro no dijo nada mientras su ejército pasaba ante él", escribe Arriano, "pero que saludó a todos y cada uno de ellos, levantando la cabeza, aunque con dificultad, y haciéndoles señales con sus ojos".

Al día siguiente, cuando estaba consciente a duras penas, un oficial se inclinó sobre él para preguntarle a quién quería legar su imperio. "Al mejor", respondió Alejandro con un susurro. Alejandro murió esa misma tarde, dando fin así a un reinado de doce años y ocho meses.

En su breve tiempo de vida, de menos de treinta y tres años, Alejandro el Conquistador había conseguido más que cualquier otro hombre en la historia y había abierto un nuevo mundo a la cultura occidental. Pero Tarn señala que "él murió cuando debía afrontar la tarea más importante: quedó por ver si hubiera sido capaz de mantener la paz. Él... abrió un nuevo mundo, pero nos quedamos sin saber qué es lo que hubiera hecho con él".

Después de todo, solo era un hombre. Si hubiera conseguido todo lo que se propuso, se habría convertido en lo que pretendió toda su vida: en un dios. Tenía sus grandes defectos pero podemos asegurar que Alejandro era perfectamente consciente de ellos. La clave de su grandeza se puede observar claramente en que sus logros pueden igualarse a todas las cosas que intentó y no consiguió.

"Por encima de todo", afirma Tarn, "fue una de las mayores fuerzas fertilizantes de la historia. Elevó a la humanidad a una posición superior. Comenzó una nueva época; después de él, nada volvió a ser como antes".

¿Tenía Alejandro un sucesor en mente cuando en su lecho de muerte murmuró: "al mejor"? Lo más probable es que no. Pero obviamente sabía que si existía ese hombre debía ser "el mejor", el más fuerte y sabio entre todos. Pero ningún hombre fue suficientemente bueno.

Alejandro se había rodeado de hombres excepcionales y también esforzados. Sin embargo, durante muchas generaciones no existió nadie en el mundo tan fuerte, tan valiente y tan brillante como Alejandro Magno.

La muerte de Alejandro Magno,
de Karl von Piloty, óleo de 1884.

El Sarcófago de Alejandro Magno que se encuentra ubicado
en el Museo Arqueológico de Estambul.

Camafeo de Alejandro Magno
representado como Zeus-Amón.

Diario astronómico de los años 323-322 a.C.
que contiene la muerte de Alejandro, Museo Británico.

Detalle del relieve que muestra el encuentro entre
Alejandro Magno y Diógenes, tal como lo imaginó
el escultor Pierre Puget.

Ruta seguida por Alejandro

Ruta seguida por Cratero

Ruta seguida por Nearco

✗ Batalla

Mapa que muestra el Imperio
de Alejandro Magno.

Bibliografía
sugerida

ACOSTA RODRÍGUEZ, Joaquín y LAGO MARÍN, José Ignacio. *Las campañas de Alejandro Magno*. Madrid: Almena Ediciones, 2005.

ARRIANO, Flavio. *Anábasis de Alejandro Magno*. Libros I-III. Madrid: Editorial Gredos, 2005.

---. *Anábasis de Alejandro Magno*. Libros IV-VIII. Madrid: Editorial Gredos, 2007.

BRIANT, Pierre. *Alejandro Magno, de Grecia a Oriente*. Madrid: Aguilar, 1990.

BROCHARD, Philippe. *Alejandro Magno*. León: Editorial Everest, 1987.

CURCIO RUFO, Quinto. *Historia de Alejandro Magno*. Madrid: Editorial Gredos, 2001.

CHIRINOS, Juan Carlos. *La reina de los cuatro nombres: Olimpia, madre de Alejandro Magno*. Madrid: Oberón, 2005.

FILDES, Alan Y FLETCHER, Joan. *Alejandro magno: hijo de los dioses*. Barcelona: Art Blume, 2002.

GEHRKE, Hans-Joachim. Alejandro Magno. Madrid: Acento Editorial, 2001.

GUZMÁN GUERRA, Antonio y GÓMEZ ESPELOSÍN, Francisco J. *Alejandro Magno: de la historia al mito*. Madrid: Alianza Editorial, 2001.

HAEFS, GISBERT. *Alejandro Magno: rey de Macedonia, unificador de Grecia, conquistador de Asia*. Barcelona: Edhasa, 2005.

KAISER, María Regina. *Alejandro Magno y los confines del mundo*. Madrid: Editoril Editex S.A., 2009.

LANE FOX, Robin. *Alejandro Magno: conquistador del mundo*. Barcelona: El Acantilado, 2008.

PLUTARCO. *Vidas paralelas: Alejandro Magno-César*. Madrid: Alianza Editorial, 2008.

RABANAL ALONSO, Manuel Abilio. *Alejandro Magno y sus sucesores*. Ediciones Akal, 1989.

RIEGER, Angelica. *Historia de Alejandro Magno*. Valencia: Patrimonio Ediciones, 2007.

---. *La historia del buen rey Alejandro Magno*. Madrid: Eikon Editores, 2006.

RODRÍGUEZ CEREZO, Tomás Martín. *Aspectos sociales de la época de Alejandro Magno: sociedad y dependencia personal en "la anábasis de Alejandro Magno" de Arriano de Nicomedia*. Madrid: Universidad Complutense de Madrid, 2003.